Henny Nordholt Verlag

Michael Mary

Anleitung zur Selbstliebe

- sein Lebensbuch gestalten -

überarbeitete Fassung September 2007

Dieses Buch ist am einfachsten und portofrei im Internet zu bestellen unter:

michaelmary.de

oder

nordholtverlag.de

Testorfer Strasse 2
D 19246 Lüttow
Autor: Michael Mary

ISBN 978-3-926967-09-1

Vorwort

Von vielen Seiten wird gegenwärtig betont, wie wichtig es ist, sich selbst zu lieben. Aber wie entwickelt man diese Selbstliebe? Konkretes dazu ist auf dem Buchmarkt wenig zu finden, und wenn, dann meist in Form von Erklärungen, Ratschlägen und Appellen. Es ist aber nur sehr begrenzt möglich, durch das bloße Lesen eines Buches das Verhältnis zu sich selbst spürbar zu verbessern.

Diese Anleitung geht über das reine Lesen hinaus. Ähnlich wie bei einem Tagebuch – nur wesentlich intensiver und aufschlussreicher – befassen Sie sich mit sich selbst. Das Ergebnis Ihrer Mühe besteht in etwas Einzigartigem: Sie werden schon bald Ihr Lebensbuch in den Händen halten.

Dieses Lebensbuch haben Sie selbst geschrieben, gemalt, fotografiert und gestaltet. Sie haben sich dazu mit Ihrer Vergangenheit, Gegenwart und Zukunft befasst und Ihre Einstellung zum Leben, zu den Menschen und vor allem natürlich sich selbst gegenüber unter die Lupe genommen. In diesem Prozess haben Sie manche Zusammenhänge entdeckt, die Ihnen nicht klar waren oder deren Bedeutung Sie womöglich unterschätzten. Dadurch hat sich Ihr Verhältnis zu sich selbst verändert. Sie können sich nun besser verstehen und akzeptieren.

Sich selbst zu lieben bedeutet, ein Herz für sich zu haben. So wie Sie ein Kind oder Ihren Liebespartner ansehen, offen und mit positiven Empfindungen, so können Sie auch sich selbst gegenüber treten. Dies zu ermöglichen, dabei wird Sie diese Anleitung unterstützen.

Ihr Lebensbuch mit seinen 31 Stationen zu gestalten wird einen Zeitaufwand von etwa 30 Stunden erfordern. Wenn Ihnen das zu viel erscheint, dann vielleicht, weil Ihr Verhältnis zu sich selbst schon gut genug ist.

Michael Mary, im September 2007

Einleitung

Jedem Kind, das in die Welt gesetzt wird, gestehen wir ein Recht auf Liebe zu. Woraus sonst als aus der Erfahrung, von anderen Menschen geliebt worden zu sein und geliebt zu werden, könnte Selbstliebe entstehen?

Diese Erfahrung ist allerdings bei kaum jemandem ungebrochen vorhanden. Die unterschiedlichen Lebensumstände, spezifische Ereignisse, konkrete menschliche Beziehungen und vor allem die individuellen Interpretationen all dessen haben oftmals den Eindruck hinterlassen, zumindest in Teilen nicht liebenswert zu sein.

Dieser Eindruck braucht nicht ein Leben lang zu bestehen. Um die Selbstliebe aktiv zu fördern bieten sich verschiedene Möglichkeiten an, beispielsweise Seminare oder Therapien. Diese werden allerdings nur von einer kleinen Anzahl von Menschen in Anspruch genommen, nicht zuletzt, weil sie mit zeitlichem und finanziellem Aufwand verbunden sind.

Ich habe mit dem Lebensbuch andere Möglichkeiten der Auseinandersetzung mit sich gewählt. In erster Linie benutze ich die Reflektion, allerdings in einer speziellen schriftlichen Form, die ich weiter unten erläutern werde. Hinzu kommen Fantasien, Zeichnungen oder Malen, und ein kleine, aber sehr feine Übung. Bei der Auswahl dieser Arbeitsmittel und der Struktur des Lebensbuches konnte ich aus meiner fast 30jährigen Seminar- und Beratungserfahrung schöpfen.

Ziel dieses Projektes ist wie gesagt, dass Sie bald Ihr Lebensbuch in den Händen halten. Dazu muss die Anleitung zu den konkreten Stationen untergebracht sein, ohne Ihr Lebensbuch zu verunstalten. Aus diesem Grund habe ich dieses Buch in zwei Teile unterteilt. Im ersten Teil finden Sie allgemeine Erläuterungen zu den einzelnen Stationen und konkrete Anweisungen zu deren Umsetzung. Der zweite Teil bildet das eigentliche Lebensbuch, das von Ihnen gestaltet wird. Ganz wie Sie es wünschen, können Sie die beiden Teile beieinander lassen oder nach getanem Werk trennen. Vielleicht ziehen Sie es auch vor, ein eigenes (leeres) Buch zu kaufen, wie es im Schreibwarenhandel erhältlich ist, um Ihr Lebensbuch ganz von dieser Anleitung zu trennen.

Ich empfehle, die Stationen dieser Anleitung innerhalb eines von Ihnen vorher umrissenen Zeitraumes zu erarbeiten. Das könnten Sie beispielsweise innerhalb von zwei oder drei Monaten tun. Wenn Sie Ihr Lebensbuch schließlich in den Händen halten, muss das aber nicht bedeuten, sich nicht mehr damit zu befassen. Sie können es immer wieder in die Hände nehmen – sogar nach Jahren – es ergänzen oder umschreiben oder neu schreiben und dabei erleben, wie sich Ihre Einstellung zum Leben und zu sich selbst verändert hat.

Sicherlich ist das Projekt Lebensbuch für die meisten Menschen geeignet, aber dennoch nicht für jeden und nicht zu jeder Zeit. Um es anzugehen sollten Sie sich in einer stabilen psychischen Verfassung befinden. Das bedeutet nicht, dass Sie frei von Problemen sein müssten. Wenn die Beschäftigung mit den Stationen jedoch Erinnerungen aufwühlen, mit denen Sie fürchten, nicht umgehen zu können, dann sollten Sie das Buch erst einmal zur Seite legen oder sich mit einer anderen Station befassen. Wenn Sie sich in psychotherapeutischer Behandlung befinden, sollten Sie mit Ihrem Therapeuten oder Ihrer Therapeutin darüber sprechen, ob es an diesem Punkt sinnvoll ist, das Projekt durchzuführen. Vielleicht ergänzt das Vorhaben Ihre Therapie, aber es wäre auch möglich, dass es nicht mit ihr zusammen passt.

Sie finden in dieser Anleitung eine Fülle von Anregungen und Aufgaben, aber fühlen Sie sich frei, zusätzlich auch Ihre eigenen Ideen zu verwirklichen. Vielleicht gibt es Abschnitte in Ihrem Leben, denen Sie eine ganz besondere Bedeutung beimessen und die Sie ausführlicher schildern wollen, um Ihr Lebensbuch abzurunden.

Bei der Gestaltung Ihres Lebensbuches wünsche ich Ihnen viele aufschlussreiche Erkenntnisse und liebevolle Gefühle, natürlich viel Spaß und Befriedigung und schöne und berührende Momente mit dem wichtigsten Menschen in Ihrem Leben: Sie selbst.

Was dieses Buch von Ihnen verlangt

Dies ist kein gewöhnliches Buch, das man einfach durchlesen kann. Schließlich kann niemand anderes Ihr Lebensbuch schreiben und gestalten, als Sie selbst. Dieser letztlich lustvolle und erkenntnisreiche Vorgang erfordert einen gewissen Aufwand und etwas Disziplin. Er ist vielleicht am ehesten mit dem Schreiben eines Tagebuches vergleichbar, geht aber tiefer. Einige LeserInnen berichten, dass es hilfreich für sie war, ihre Erlebnisse mit dem Lebensbuch zusätzlich in ein Tagebuch zu schreiben.

Sie werden in dieser Anleitung aufgefordert, über sich selbst, die Menschen und das Leben zu reflektieren. Was immer Sie dabei erinnern oder phantasieren und in Ihr Lebensbuch schreiben – tun Sie es nach bestem Gewissen entsprechend Ihrer Empfindungen und kümmern Sie sich nicht darum, ob es „wirklich" so gewesen ist. Gestatten Sie sich vielmehr, Ihren eigenen Gedanken, Gefühlen und Bildern zu vertrauen.

Über die so genannte Realität

Um eine so genannte Objektivität brauchen Sie sich nicht zu sorgen, weil es nämlich keine derart verallgemeinerbare Wirklichkeit gibt. Jeder Mensch, selbst wenn er in den gleichen Umständen wie ein anderer lebt, etwa in der gleichen Familie, nimmt Ereignisse aus einer anderen Position und Perspektive heraus wahr. Aufgrund dessen sind in jedem Gehirn unterschiedliche Erfahrungen gespeichert; und da aktuelle Erlebnisse immer im Licht vorausgegangener Erfahrungen gedeutet werden, gewinnt jeder Mensch einen anderen Eindruck von der Realität. Eine vergleichbare Wirklichkeit gibt ist nur in der Kommunikation, in der sich Menschen auf Begriffe und Bezeichnungen einigen müssen, um ihre Handlungen und Erwartungen aufeinander abzustimmen. Ob jemand Anderes die gleiche Freude, die gleiche Trauer und daher: die gleiche Realität erlebt, das lässt sich nur vermuten oder unterstellen.

Es ist für Ihr Lebensbuch demnach unwichtig, ob etwas „wirklich" so war oder ist oder sein könnte, wichtig ist allein, wie Sie es empfinden, erleben und erinnern. In all Ihren Schilderungen wird nämlich Ihre persönliche Einstellung zum Tragen kommen, und um diese geht es vor allem anderen. Diese Einstellung ist auf jeden Fall heute wirksam, aus ihr heraus erleben und gestalten Sie Ihr Leben.

Einstellung oder Lebensgrundhaltung eines Menschen

Meist ist die Einstellung eines Menschen sehr viel wichtiger als die Ereignisse und Situationen, in die er hinein gerät.

Wer beispielsweise aufgrund seiner Einstellung sich selbst gegenüber glaubt, er sei nicht kreativ, der wird sich weder an ein Klavier setzen noch an ein Gedicht wagen noch wird er je ein Lied schreiben. Seine Erfahrung wird dann entsprechend seiner Einstellung lauten: Ich bin nicht kreativ. Wer beispielsweise von sich glaubt, er wäre nicht liebenswert, wird sich Anderen gegenüber zurückhalten und nicht zufällig die Erfahrung machen, tatsächlich im Hintergrund zu stehen. Wer meint, das Leben wäre schlecht zu ihm, wird sich weigern, sich auf dessen schöne Seiten einzulassen und demzufolge im Schatten leben.

Einstellungen, oder genauer: die dahinter liegenden grundlegenden Überzeugungen haben die fatale Tendenz, sich selbst zu bestätigen. Allerdings kann man daraus nicht schließen, jemand habe eine *falsche* Einstellung. So etwas gibt es nicht, weil niemand definieren kann, was in den wechselnden Bedingungen des Lebens richtig oder falsch sein könnte. Ist es richtig, mutig oder feige zu sein? Das hängt von den konkreten Umständen ab!

Wie immer eine Einstellung oder Lebenshaltung beschaffen sein mag, stets ist sie Ausdruck einer situativen Intelligenz, weil sie unter den Umständen ihrer Entwicklung das Beste war, das diesem Menschen möglich schien. Seine Einstellung hat sich niemand ausgedacht, sie fasst vielmehr die Erfahrungen eines Lebens zusammen.

Lebenserfahrungen

Über Lebenserfahrungen muss man wissen, dass sie ebenfalls nicht objektiv sind. Vielmehr werden sie quasi „selbst gemacht". Sie beruhen weniger auf den Ereignissen, in die jemand gerät, als vielmehr auf der Deutung dieser Ereignisse. Solche Deutungen fallen individuell unterschiedlich aus, weshalb aus vergleichbaren Erlebnissen sehr unterschiedliche Erfahrungen gebildet werden können. Beispielsweise kann der Verlust eines Arbeitsplatzes als Katastrophe gedeutet werden oder als Gelegenheit, eine neue Orientierung zu finden. Im ersten Fall wird eine negative, im zweiten eine positive individuelle Erfahrung aus dem Vorfall „gemacht".

Oberflächlich gesehen wäre es nun sehr leicht, zu positiven Lebenserfahrungen zu gelangen, indem man seine Deutungen verändert. Aber das funktioniert nicht so einfach, auch wenn in den meisten Glückskochbüchern dieser Eindruck erweckt wird.[1] Erstens kann niemand anderes festlegen, was positiv oder negativ für einen Menschen ist. Zweitens stehen die wirklich wichtigen, die grundlegenden Deutungen, dem menschlichen Willen gar nicht zur Verfügung, da sie sich ins Unbewusste eingegraben haben. Grundüberzeugungen können daher nicht wie Hemden gewechselt werden. Das soll aber nicht heißen, solche Deutungen wären unveränderbar. Sie zu verändern erfordert allerdings – je nach Thema – mehr oder weniger Aufmerksamkeit. Beispielsweise eine Aufmerksamkeit, wie sie gebraucht wird, um Ihr Lebensbuch zu gestalten. Oft sind auch schwere Lebenskrisen nötig, um die Deutungsstrukturen eines Menschen zu verändern.[2]

Die eigene Vergangenheit umschreiben

Da die Lebenseinstellung sich in der Vergangenheit gebildet hat und auf dem Weg über Deutungen in der Gegenwart erneuert wird, kann man seine Vergangenheit quasi „umschreiben", indem man zu veränderten Deutungen gelangt und dadurch sein Verhalten in der Gegenwart verändern. Natürlich kann man nichts von dem,

[1] Siehe zu diesem Thema ausführlich von Michael Mary *Die Glückslüge*, Lübbe-Taschenbuch

[2] Siehe hierzu ausführlich von Michael Mary *Das Leben lässt fragen, wo Du bleibst – wer etwas ändern will, braucht ein Problem*, Lübbe-Taschenbuch.

was passiert ist, ungeschehen machen. Aber man kann die vergangenen Ereignisse in einem anderen Licht sehen und damit seine Erinnerung verändern. Das wird immer dann möglich, wenn neue Informationen in die Bewertung mit einfließen.

Dieser Vorgang ist leicht nachvollziehbar. Nehmen wir an, ein Kind verlor im Alter von vier Jahren den Kontakt zu seinem Vater, weil die Mutter sich trennte und an einen unbekannten Ort verzog. Das Kind wird glauben, vom Vater verlassen worden zu sein und sich für liebensunwert halten. Diese Unsicherheit in Bezug auf seinen Selbstwert wird es mit ins erwachsene Leben nehmen. Nehmen wir weiter an, dass es im Alter von 30 Jahren zu einer zufälligen Begegnung mit dem Vater kommt. Wenn sich jetzt herausstellt, dass der Vater 26 Jahre lang nach seinem Kind suchte, es vermisste und nichts unversucht ließ, es zu finden, dann kommt es zu einer Umdeutung. Aus der Erfahrung „Ich wurde nicht geliebt“ wird nun die Erfahrung „Ich wurde außerordentlich geliebt“. An den damaligen Erlebnissen des Kindes, an seiner Einsamkeit beispielsweise hat sich nichts geändert, aber die heutige Deutung ist aufgrund einer neuen Information in ihr Gegenteil verkehrt; und damit hat sich die „Erfahrung Liebe“ verändert.

Für das Lebensbuch ist an diesem Beispiel wichtig: Umdeutungen geschehen, wenn neue Informationen in die bisherigen Bewertungen eingreifen und so ein neuer Sinn entsteht. Mit der Umdeutung ändert sich dann automatisch die Einstellung/Haltung.

> Darin, neue Informationen in Bezug auf sich selbst zu gewinnen und zu Umdeutungen im Verhältnis zu sich kommen besteht der tiefste Sinn des Vorhabens, sein Lebensbuch zu gestalten.

Über den Autor/die Autorin Ihres Lebensbuches

Der Autor Ihres Lebensbuches sind Sie selbst. Sie erzählen darin die Geschichte Ihres Lebens. Damit die von Ihrer Vergangenheit geprägte „alte“ Einstellung sich selbst gegenüber bei dieser Erzählung nicht dominiert, verlange ich etwas Ungewöhnliches von Ihnen. Sie sollen die meisten der Reflektionen und Briefe zu den einzelnen Stationen nicht in der „Ich-Form“ verfassen, sondern wie ein neutraler Beobachter.

Beispielsweise schreiben Sie nicht „Ich sah meinen Vater als einen ... Menschen, der ...“, sondern Sie schreiben „X (Ihr Vorname) sah seinen/ihren Vater als einen ... Menschen, der ...“. Mit diesem sprachlichen Trick wird verhindert, dass die Urteile und Bewertungen, ja vielleicht sogar die Abwertungen, die sich aus der Identifikation mit Ihrem Selbstbild - dem „alten“ Ich - ergeben, die Erzählung dominieren.

Wieso wird eine allzu wertende Färbung des Lebensbuches durch den Gebrauch der Sprachform der dritten Person verhindert? Sobald Sie den Begriff „Ich“ gebrauchen, sind Sie an eine ganz bestimmte Selbstvorstellung – die zwar unbewusst sein mag, aber dennoch wirksam ist – gebunden. Benutzen Sie hingegen die neutrale Position eines Beobachters und Erzählers, treten Sie aus solchen Festlegungen heraus. Sie erzählen dann freier von Rechtfertigung, Anklage und Bewertung, wer Sie sind.

Ihr Lebensbuch soll eine möglichst wertfreie und zugewandte Beschreibung dessen sein, was in *diesem Menschen* vor sich geht, wie er die Welt sieht, was er erlebte und was er sich noch vom Leben erträumt. Ihr Lebensbuch wird also nicht von Ihnen, sondern von einem Beobachter geschrieben, der seine Beobachtungen erzählt. Dieser Beobachter sind zwar Sie selbst, aber in dieser Rolle gewinnen Sie den nötigen Abstand, der neue Informationen ermöglicht und in der Folge davon neue Deutungen und ein verändertes Verhalten, und darum geht es bei der ganzen Angelegenheit ja.

Die Arbeitsmittel Ihres Lebensbuches

Das wesentlichste Mittel, Ihr Lebensbuch zu gestalten, besteht in der schriftlichen Reflektion. Sie werden eine Reihe von Erzählungen tätigen und Briefe schreiben. Der Vorteil von schriftlichen Reflektionen liegt in der Verlangsamung und Verdichtung des Erlebens. Was ein Mensch aufschreibt, das sieht er vor sich und prüft es. Dabei werden Gedanken wahrgenommen, es stellen sich Gefühle ein, Bilder aus längst vergessen geglaubten Situationen tauchen auf, Erinnerungen und Fantasien werden aktiviert. Es findet eine intensivere Begegnung mit sich selbst statt.

Es leuchtet ein, dass Sie für diese intimen Aufgaben einen Rückzugsraum brauchen, in dem Sie sich ungestört Ihren Reflektionen überlassen können. Eine Möglichkeit dafür bietet das eigene Zimmer, in dem Sie es sich entsprechend Ihrer Bedürfnisse bequem machen. Finden Sie heraus, was für Sie das Beste ist, um sich dem Lebensbuch in Ruhe und mit ausreichend Zeit zu widmen. Vielleicht ... ein Sessel, etwas zu trinken, oder ein Bett, in dem Sie es sich gemütlich machen ... oder sonst etwas, das Ihnen entspricht. Haben Sie das herausgefunden, machen Sie ein Ritual daraus. Verabreden Sie sich mit sich selbst – beispielsweise zwei Mal wöchentlich oder allabendlich - zu einer bestimmten Zeit an einem bestimmten Ort in einer bestimmten Atmosphäre, um Ihr Lebensbuch zu gestalten. Bewahren Sie diese Kontinuität so gut es geht, um den Faden nicht immer wieder neu aufnehmen zu müssen.

Eine Luxusvariante wäre die Gestaltung des Lebensbuches in einem zweiwöchigen Urlaub, den Sie alleine verbringen und in dem Sie sich diesem Projekt täglich zwei bis drei Stunden widmen. Es sich gut gehen lassen, Spaziergänge unternehmen, Gefühlen nachgehen, Einstellungen erkennen, über sein Leben forschen – einmal im Leben sollten Sie sich so etwas vielleicht leisten. Wenn Sie sich für diese Intensivphase entscheiden, dann packen Sie am besten Ihre Fotoalben ein, nehmen Klebstoff, Schreibmaterial und Buntstifte mit und lassen Ihr Handy während der Arbeitsphasen ausgeschaltet.

Neben den schriftlichen Reflektionen warten einige andere Aufgaben auf Sie. Dazu gehört eine Übung, die an gegebener Stelle erläutert wird. Auch die optische Gestaltung Ihres Lebensbuches ist keineswegs nebensächlich. Hier und da werden Sie zeichnen oder malen, wobei es nicht auf künstlerisches Können, sondern auf den Ausdruck Ihres Empfindens ankommt. Nehmen Sie sich auch Zeit, die Fotos für Ihr Lebensbuch vorzubereiten. Vielleicht wollen Sie Originalfotos in Ihr Lebensbuch kleben, oder Sie scannen Fotos in den Computer ein und drucken sie in der benötigten Größe aus oder Sie fertigen Kopien an. Auch das ist keine rein technische Tätigkeit, sondern Teil einer Auseinandersetzung mit Ihrem Leben, da mit jedem Foto Erinnerungen verbunden sind. Schmücken Sie auch das Cover Ihres Lebensbuches nach eigenem Geschmack, es ist absichtlich nicht bedruckt.

Blättern Sie zwischen Anleitung und Lebensbuch hin und her und machen Sie sich mit den jeweiligen Aufgaben vertraut. Auch wenn Ihnen eine Aufgabe einmal merkwürdig vorkommen mag – ich denke beispielsweise an die Station 5 „Zeugung". Jede Station des Lebensbuches hat einen Sinn. Vermeiden Sie es, diesen zu hinterfragen während Sie eine Aufgabe erfüllen. Verzichten Sie auch darauf, Ihre Wahrnehmungen zu bewerten oder gleich verstehen zu wollen. Warten Sie vielmehr ab, was sich nach Stunden oder Tagen daraus ergibt, wenn Sie etwas Abstand zu den manchmal auch verwirrenden Erinnerungen oder Empfindungen haben, mit denen Sie möglicherweise konfrontiert werden.

Sie werden manche Stationen einfach und andere schwer finden. Manchem fällt das Malen schwer, für einen anderen ist es ungewohnt, seine Fantasien zu verfolgen und aufzuschreiben. Jeder gelangt im Verlauf des Projektes Lebensbuch an andere Grenzen, die zu überschreiten schwer fallen mag. An einer Grenze werden schmerzliche Gefühle berührt, unangenehme Fantasien oder unerträgliche Gedanken hervorgerufen. Dann schwindet womöglich die Konzentration und die Lust, man wird müde oder ärgerlich und möchte alles hinschmeißen. Seien Sie auf solche Schwierigkeiten vorbereitet und gehen Sie an Grenzen respektvoll mit sich um. Zwingen Sie sich nicht über Grenzen hinweg, aber geben Sie auch nicht gleich auf. Sie können die entsprechende Aufgabe zurückstellen und sich später erneut daran machen. Wenn etwas allerdings absolut nicht gelingen will, ist das auch kein Beinbruch.

In den Anleitungen zu den einzelnen Stationen finden Sie auch generelle Erklärungen zur Bedeutung der Themen, beispielsweise der Kindheit. Die darin vermittelten Erkenntnisse sollen es Ihnen erleichtern, sich auf die jeweilige Aufgabe einzulassen. Es kann hilfreich sein, diese Erläuterungen nochmals durchzulesen, nachdem die jeweilige Aufgabe erledigt ist, etwa am nächsten Tag. Das kann dabei helfen, die entstandenen Gefühle und Erkenntnisse besser einzuordnen.

Ein Buch weist zumeist ein Vorwort und eine Einleitung auf. Das Vorwort Ihres Lebensbuches besteht aus einem Brief, den Sie an sich selbst schreiben, und in der Einleitung wenden Sie sich an die Menschen oder die Welt, um ihnen die Motive darzulegen, aus denen heraus Sie dieses Buch verfassen.

Dass Sie sich an die Menschen wenden bedeutet nicht, dass irgendwer Ihr Lebensbuch lesen wird. Ob Sie es jemals einem anderen Menschen zugänglich machen, ist eine Frage, die Sie sich gut überlegen sollten. Ich würde eher davon abraten, weil Ihr Buch Ausdruck eines intimen Verhältnisses zu sich selbst ist. Doch das sei nur nebenbei erwähnt, darüber entscheiden Sie selbst.

Nun also geht es los. Halten Sie Schreibzeug bereit, machen Sie es sich in Ihrem Refugium bequem und tauchen Sie in die Gestaltung Ihres Lebensbuches ein.

Station 1 - Schreiben Sie einen Brief an sich selbst

Dieser Brief ist der erste Schritt auf dem Weg zum Lebensbuch. Beachten Sie bitte: Sie verfassen diesen ersten Brief nicht wie vorne beschrieben als neutraler Erzähler, sondern in der Ich-Form. Richten Sie den Brief an X (X ist immer Ihr Vorname).

Die Aufgabe der Station 1

- Ihr Brief sollte zumindest auf folgende Themen eingehen:

  „Lieber Michael, ich erzähle dir davon:
  - *... wie ich dich sehe,*
  - *... welche Gefühle ich für dich empfinde,*
  - *... welche deiner Eigenschaften ich mag,*
  - *... was ich nicht an dir mag, körperlich ... geistig ...*
  - *... was ich von dem halte, was du tust,*
  - *... was ich von deinen Ideen und Träumen halte,*
  - *... was du besser tun oder besser lassen sollst,*
  - *...was bei dir so bleiben kann ... was du verändern solltest,*
  - *... was ich glaube, was andere Menschen von dir halten,*
  - *... was ich von dir halte etc".*
- Erzählen Sie X frei von jeder Zensur und ungeschminkt, was Sie über ihn/sie denken. Sie können dabei offen und ehrlich sein, denn niemand wird das Lebensbuch ohne Ihre Erlaubnis lesen. Auch wenn der eine oder anderes Satz nur zögerlich aufs Papier kommen mag, halten Sie auch mit kritischen und auch mit positiven Bewertungen nicht zurück. Auf diese Weise entsteht ein Brief, der Ihr Verhältnis zu sich selbst beschreibt.
- Nehmen Sie sich ausreichend Zeit und schreiben Sie anschließend das Datum unter den Brief, stecken Sie den Brief in einen Briefumschlag und kleben Sie den Umschlag in Ihr Lebensbuch. Sie können den Brief dann später herausnehmen und erneut lesen und ergänzen. Doch sollten Sie ihn nicht durch einen neuen Brief ersetzen. Wenn Sie Ergänzungen einfügen möchten, nehmen Sie dazu einen Stift mit einer anderen Farbe, dann können Sie später sehen, wie der Brief ursprünglich war und was Sie daran verändert haben.
- Ganz zu Ende des Lebensbuches werden Sie einen weiteren solchen Brief schreiben. Im Vergleich der beiden Briefe können Sie dann feststellen, wie sich Ihr Verhältnis zu sich selbst zwischenzeitlich verändert hat.

Umgang mit möglichen Schwierigkeiten

Vielleicht fällt es Ihnen schwer, sich selbst anzusprechen. Schließen Sie die Augen und stellen Sie sich vor, Sie würden X begegnen. Schauen Sie ihn/sie an und lassen Sie sich Zeit wahrzunehmen, was Sie über X denken und wie sie ihm/ihr gegenüber fühlen. Begegnen Sie X in den verschiedensten Lebensbereichen. Schreiben Sie kritisches und positives über ihn/sie. Lassen Sie sich Zeit. Sie werden verwundert sein, was Ihnen mit der Zeit alles einfällt.

Legen Sie direkt im Anschluss an die erste Station einen verbindlichen Termin mit sich selbst fest, an dem Sie die zweite Aufgabe erledigen.

Jedes Buch verfügt über eine Einleitung, so auch Ihr Lebensbuch. Diese zu schreiben ist nun Ihre Aufgabe.

Die Aufgabe der Station 2

- Bevor Sie in dieser Station die Einleitung zu Ihrem Lebensbuch schreiben, lesen Sie den „Brief an mich selbst" aus der ersten Station nochmals durch.
- Beantworten Sie sich anschließend in Gedanken folgende Frage: „Derjenige, der diesen Brief an X geschrieben hat, was für ein Verhältnis hat er zu X?"

  Mit dieser Frage wechseln Sie vom Betroffenen in die Rolle eines Beobachters, der sich den Briefschreiber anschaut. Wie würden Sie das Verhältnis des Briefschreibers zu X nennen? Ist es *distanziert, freundlich, kalt, warm, gleichgültig, oberflächlich, liebevoll* ... oder sonst wie?
- Finden Sie nun einen Namen oder Begriff für dieses Verhältnis. Das mag etwas Zeit in Anspruch nehmen, aber wie bereits gesagt ist Verlangsamung eines der wichtigsten Mittel auf dem Weg zum Lebensbuch. Der Begriff kann aus zusammengesetzten Worten bestehen, etwa *„ein distanziert-freundliches Verhältnis"* oder wie auch immer Sie das Verhältnis des Briefschreibers zu X bezeichnen.
- Nun können Sie mit der Einleitung beginnen. Wenden Sie sich darin als neutraler Beobachter der Vorgänge an „die Menschen". Etwa in dieser (oder anderer) Manier:

  „Dies ist ein Buch über Michael. Ich werde den Menschen und der Welt darin beschreiben und zeigen:
  - *... wer Michael ist und wie er so geworden ist,*
  - *... was mir aufgefallen ist, als ich seinen „Brief an sich selbst" las,*
  - *... was ich über das Verhältnis glaube, das Michael zu sich selbst hat,*
  - *... warum ich es für nötig halte, dieses Buch über ihn zu schreiben,"*
  - *... welche Veränderungen an seinem Verhältnis zu sich ich für nötig halte",*
  - *... und alles, was Sie für wichtig erachten.*
- Erläutern Sie in dieser Einleitung vor allem, weshalb es Ihnen nötig erscheint, das Lebensbuch von X zu schreiben und was Ihrer Meinung dadurch möglich sein wird. Schreiben Sie direkt in das Lebensbuch, Sie haben zwei Seiten zur Verfügung. Sollten Sie mehr brauchen, kleben Sie ein zusätzliches Blatt ein.

Umgang mit möglichen Schwierigkeiten

In dieser Station wechseln Sie zum ersten Mal vom „Ich" zum „Beobachter". Der Beobachter repräsentiert die Fähigkeit, Abstand zu sich einzunehmen. Er ermöglicht Erkenntnis, und das macht ihn so wichtig. In dieser Station vor allem die Erkenntnis, welches Verhältnis Sie zu sich haben und an welchen Punkten Sie es verändern wollen. Dazu ist der Begriff unerlässlich, mit dem Sie Ihr Verhältnis zu sich beschreiben. Lassen Sie sich Zeit, einen passenden Begriff zu finden, spielen Sie mit Worten bis er „passt".

Legen Sie direkt im Anschluss einen verbindlichen Termin mit sich selbst fest, an dem Sie die dritte Aufgabe erledigen.

Zur Bedeutung der Kindheit

Selbstliebe meint eine auf Verständnis und Akzeptanz beruhende, herzliche Verbundenheit mit sich selbst.

Dass ein Mensch überhaupt in der Lage ist, sich selbst zu lieben, verdankt er seiner Fähigkeit zur Selbstbeobachtung. Er vermag einen gewissen Abstand sich selbst gegenüber einzunehmen, sich zu betrachten und von dieser Distanz aus wahrzunehmen, was er denkt, fühlt und tut. Zusätzlich nimmt er auch wahr, wie er von anderen Menschen gesehen wird und wie diese ihm gegenüber treten. Aus diesen beiden Elementen – der eigenen Sicht und der Reaktion der Anderen – bildet er seine Selbstbeschreibung, seine Identität.

Identität ist die Vorstellung, die jemand von sich selbst hat. Sie wird in Ich-Aussagen formuliert. *„Ich bin ... eine Frau ... ein Mann ... schön ... hässlich ... geduldig ... nervig ... schwach .... stark ... dumm ... intelligent ... liebenswert ... etc.“*

Es liegt auf der Hand, dass sich niemand eine Identität ausdenkt. Diese entsteht vielmehr im Kontakt mit anderen Menschen. Anders gesagt: Ob sich jemand für liebenswert oder für liebensunwert hält, hängt wesentlich davon ab, ob er von Anderen für liebenswert gehalten wurde, und dabei spielen die ersten Anderen, die Eltern, eine zentrale Rolle. Wer trotz all seiner Widersprüchlichkeit und Ecken und Kanten Verständnis und Akzeptanz erfahren hat, kann diese Zuwendung auch für sich selbst aufbringen. Umgekehrt bedeutet das: Wer ein schlechtes Verhältnis zu sich selbst hat kann davon ausgehen, Wertungen und Ansichten über sich von Anderen übernommen oder diese in einem schwierigen Kontakt mit Anderen entwickelt zu haben.

Dabei geht es nicht immer um tatsächliches Verhalten anderer oder um tatsächliche Ereignisse, sondern oft mehr um die Interpretation dessen. Beispielsweise zeigen Eltern, die ein Kind aufgrund einer schweren Erkrankung längere Zeit im Krankenhaus lassen, mit dieser Handlung ihre Fürsorge und Liebe. Das Kind wird sich dennoch verlassen und ungeliebt fühlen, weil es eine rein körperliche und emotionale Interpretation des Vorfalls entwickelt. Die Wurzeln der Selbstliebe reichen also bis in die Babyzeit. Sogar die Ereignisse rund um die Geburt spielen eine wichtige Rolle.

Psychische Strukturen

Der erhebliche Einfluss von Babyzeit und früher Kindheit auf das gesamte Leben wird von keiner ernsthaften Wissenschaft mehr geleugnet. So schreibt beispielsweise der Neurobiologe Prof. Dr. G. Roth:

> Die Geburt und die Erlebnisse der ersten Stunden, Tage, Wochen und Monate danach wirken als Umweltreize zutiefst auf diese Konditionierungsebene ein und formen dadurch das Grundgerüst unserer Persönlichkeit [...]. Das sich entwickelnde Gehirn saugt förmlich die Einwirkungen der (engeren) Umwelt in sich auf.[3]

[3] Gerhard Roth, *Fühlen, Denken, Handeln*, Frankfurt 2001, Seite 456

Der Kindheit ist aufgrund ihrer immensen Bedeutung für den Selbstwert der erste große Abschnitt Ihres Lebensbuches gewidmet. Die Beschäftigung mit der Kindheit ist deshalb so wichtig, weil sich in dieser Zeit die psychischen Strukturen bilden, durch die ein Mensch die Welt verarbeitet, eben jenes Grundgerüst der Persönlichkeit, von dem Prof. Roth spricht.

Was genau sind psychische Strukturen? Eine psychische Struktur setzt das, was wir sehen und erleben, in ein individuell sinnvolles Verhältnis zueinander und macht es derart begreifbar, dass man darauf reagieren kann. Sinnvoll in diesem Zusammenhang meint allerdings weder objektiv noch positiv, sondern es meint schlicht: *deutbar*. Was gedeutet werden kann, ergibt einen Sinn, und was einen Sinn ergibt, bringt eine darauf abgestimmte Reaktion hervor. Psychische Strukturen führen also über individuelle Deutungen zu bestimmten Erwartungen und Verhaltensweisen.

Wer beispielsweise von sich glaubt, hässlich zu sein, für den ergibt die Vorstellung, von jemand begehrt zu werden, keinen Sinn. Seine Erwartung wird vielmehr lauten: Mich mag sowieso niemand. Entsprechend dieser Annahme wird er sich zurückhalten und dann tatsächlich die Erfahrung machen, von kaum jemandem angesprochen zu werden. Die psychische Struktur könnte man in diesem Fall mit dem Begriff „Minderwertigkeit" beschreiben. Allerdings darf man nicht glauben, ein Mensch würde nur über eine einzige psychische Struktur verfügen. Vielmehr hat er zahllose solche Verarbeitungsabläufe aufgebaut, die jeweils auf unterschiedliche Lebensbereiche und Lebenssituationen bezogen sind.

Botschaften werden zu Überzeugungen

Ein Mensch, der beispielsweise über eine psychische Struktur der „Minderwertigkeit" in Bezug auf das andere Geschlecht verfügt, hat diesbezüglich eine Reihe negativer Botschaften verinnerlicht, beispielsweise „Du bist zu klein" oder „Du bist hässlich" oder „Du bist nicht liebenswert" oder etwas anderes. Ob solche Botschaften tatsächlich gesendet wurden oder Ergebnis eigener Interpretationen der Umstände sind, spielt keine Rolle, weil sie in beiden Fällen gleichermaßen wirksam sind.

Botschaften an das Kind können positiv oder negativ lauten, sie können ablehnender oder bestätigender Natur sein, manche Botschaften sind familienspezifisch, andere sind sozialer Natur. Beispielsweise unterscheiden sich die gesellschaftlichen Botschaften, die ein Nachkriegskind empfangen hat von denen der späten 50iger und der 60iger Jahre oder von denen der heutigen Zeit.

Doch ob familiären oder sozialen Ursprungs, ob übernommen oder interpretiert, ob derjenige ihnen entspricht oder sich gegen sie auflehnt, in jedem Fall werden Botschaften, sobald sie verinnerlicht und damit zu eigen gemacht sind, zu grundlegenden Überzeugungen. Beispielsweise kann aus der Botschaft an ein Nachkriegskind „Du musst dich selbst durchschlagen" die verinnerlichte Überzeugung werden „Ich brauche niemanden". Die zu dieser Überzeugung gehörende Erwartung könnte dann lauten „Ich erwarte nichts von anderen".

Lebens-Grundüberzeugungen haben die Eigenschaft, für wahr gehalten zu werden. Sie machen sich von den Umständen, unter denen sie entstanden sind, frei und verselbstständigen sich im späteren Leben. Das hat den Effekt, dass ein Mensch zu wichtigen Teilen nicht auf die Möglichkeiten des Lebens reagiert, sondern auf seine eigenen Überzeugungen. Er richtet sich auf das ein, was er erwartet, er reagiert sozusagen auf sich selbst.

Die eigenen Überzeugungen und daraus entstehenden Erwartungen bestimmen somit zu großen Teilen über das lebenslange Verhalten und die dadurch entstehenden Lebenserfahrungen. Sie bestimmen natürlich nur teilweise darüber, was jemandem zustößt und was ihm begegnet. Aber sie bestimmten weitgehend darüber, wie jemand mit dem umgeht, was ihm begegnet.

Die meisten Erwartungen helfen dabei, das Leben zu bewältigen, aber einige wirken sich hinderlich aus, vor allem auch, wenn sie das Verhältnis zu sich selbst belasten. Sie zu verändern ist zwar nötig, aber willentlich nicht ohne weiteres möglich, weil sie zutiefst unbewusst sind. Kein Mensch hat die Strukturen im Blick, die seinem Verhalten zugrunde liegen, und wenn eine solche Struktur einmal deutlich wird, kann er sie nicht willentlich umbauen. Grundlegende Überzeugungen werden entweder durch plötzliche Ereignisse „gebrochen“ oder durch Lernprozesse allmählich verändert. Dieser zweite Weg wird im Lebensbuch eingeschlagen.

Die für ein Leben ausschlaggebenden Erwartungen weisen in drei wesentliche Richtungen. Es sind Erwartungen in Bezug auf das Leben, auf die Menschen und auf sich selbst. Diese individuellen Wahrheiten und grundlegenden Überzeugungen zu erforschen ist zunächst die Absicht im Abschnitt Kindheit.

Station 3 A – Die sozialen Umstände der Kindheit

Das Ziel dieser Station besteht darin, die sozialen und familiären Umstände der Kindheit zu reflektieren und die wichtigsten Botschaften daraus zu erkennen.

Bei der Beschreibung der Umstände Ihrer Kindheit denken Sie wieder daran: Es geht nicht um Wahrheit und Objektivität, sondern allein um Ihr Empfinden.

Die Aufgabe der Station 3 A

In diesem Abschnitt beschreiben Sie die sozialen Umstände, in denen X aufgewachsen ist. Je nachdem, wie alt Sie sind, wurden Sie mit Ihrer Geburt in unterschiedliche gesellschaftliche Umstände hineingesetzt. Diese zu beeinflussen lag außerhalb Ihrer Möglichkeiten, aber auf jeden Fall wurden Sie von ihnen beeinflusst.

- Schildern Sie aus der Rolle des Beobachters die Zeit und die gesellschaftlichen Umstände aus Ihrer Erinnerung heraus. Schreiben Sie etwas der folgenden Art:

  „Michael wurde im Ort ... im Land ... geboren. Zu dieser Zeit bestanden diese ... und jene ... gesellschaftlichen Umstände ... etc.“
- Nehmen Sie sich etwas Zeit, sich in die damalige Zeit zu versetzen und die Besonderheiten dieser Zeit zu schildern.
- Womit waren die Menschen befasst?
- Worauf kam es in der Gesellschaft an?
- Welches gesellschaftliche Klima herrschte damals?
- Welche Ziele, Werte etc. wurden verfolgt?
- Kleben Sie wenn möglich Fotos in das Lebensbuch ein, auf denen die damalige Welt gezeigt wird.

Umgang mit möglichen Schwierigkeiten

Womöglich halten Sie diese Schilderung nicht für so wichtig. Aber Sie werden erstaunt sein, wie viele Details auftauchen, wenn Sie sich in diese Zeit zurück versetzen. Wieder kommt es nicht auf Objektivität an, sondern darauf, wie Sie die sozialen Umstände damals erlebt haben und heute erinnern. Auch wenn diese Schilderung natürlich nur einen kleinen Ausschnitt der Welt erfasst, so war dies Ihre Welt.

Wenden Sie sich nun gleich der Station 3 B zu.

In diesem Abschnitt beschreiben Sie die familiären Umstände, in die X geboren wurde. Sie bleiben also in der Rolle des distanzierten Beobachters.

Die Aufgabe der Station 3 B

- Schildern Sie aus der Rolle des Beobachters die Familie mit sozialem Stand in einer ähnlichen Weise wie dieser:

  „Michael war das ... Kind der Familie ... Die Familie gehörte diesem .... gesellschaftlichen Umfeld an ... Zur Familie gehörten damals ... Für diese Familie kam es darauf an ...etc.“
- Erwähnen Sie alles, was Sie bezüglich der Familie für wichtig erachten.
- Kleben Sie ein Foto von dem Haus/der Wohnung ein, wo Sie aufgewachsen sind, oder zeichnen Sie diese.
- Beschreiben Sie alle Familienangehörigen, Geschwister etc. mit Ausnahme der Eltern, die kommen in der nächsten Station dran.
- Kleben Sie Fotos der Familienangehörigen in das Lebensbuch ein. Wenn Sie nicht über Fotos verfügen, fertigen Sie kleine Zeichnungen gegenständlicher oder symbolischer Natur an.
- Schreiben Sie unter jedes Foto einen Satz, der das Lebensmotto dieser Person ausdrückt, so wie Sie dieses Motto verstanden haben.

  Beispielsweise könnte unter dem Großvater der Satz stehen *„Das ist Opa Kurt, ein ... Mensch mit diesen ... und jenen ... Grundsätzen. Sein Lebensmotto lautete ...“*. Natürlich unterstellen Sie diesem Menschen damit ein Lebensmotto, aber das ist völlig in Ordnung, weil es ja darum geht, den empfangenen Botschaften näher zu kommen.
- Schreiben Sie die Botschaft auf, die jeder Familienangehörige an Sie gesendet hat. Das hat er natürlich nicht verbal, sondern durch sein Verhalten, das Sie auf Ihre Art interpretiert haben. Jede Botschaft sollten Sie in einem Satz zusammenfassen.

Umgang mit möglichen Schwierigkeiten

Möglicherweise grübeln Sie, ob Ihre Schilderungen und vor allem die Worte, die Sie den Familienangehörigen in den Mund legen, „der Wahrheit“ entsprechen. Aber darum geht es nicht. Es geht um Ihre Erinnerung, um Ihre individuelle Wahrheit. Sicherlich würde ein anderer Familienangehöriger etwas anderes schreiben, aber dieser hat ja auch eine andere Perspektive eingenommen und demzufolge etwas anderes erlebt.

Verabreden Sie nun einen Termin mit sich für die vierte Station.

Die Eltern wurden aus der vorigen Station ausgelassen, weil ihnen eine besondere Bedeutung zukommt. Sie verdienen etwas Extrazeit. Durch ihr Verhalten haben sich in den meisten Fällen die wichtigsten Botschaften übertragen. Im Kontakt mit ihnen sind auch grundlegende Überzeugungen über sich und die Menschen entstanden, also das, was man für wahr hält und wonach man sich deshalb richtet.

Die Aufgaben der Station 4

Es geht nun also um „diese Frau“ und „diesen Mann“, denen Sie Ihr Dasein verdanken. Konkret sind folgende Schritte erforderlich.

- Schreiben Sie als neutraler Beobachter alles auf, was Sie über die Eltern von X und deren Leben wissen. Dazu gehören deren Familien ebenso wie deren Lebensläufe, Hoffnungen und Enttäuschungen, Tief- und Höhepunkte ihres Lebens etc.. Etwa in der folgenden Art:

  „Das ist die Mutter von Michael. Margarete ist (war ...) das ... Kind von ... Ihr Leben verlief ... sie war eine Frau, die ... ihr Traum war es, ... zu werden, aber ihre Eltern wollten, dass sie ... wird ... ihre Einstellung zum Leben lautete ... etc. ... „

  “Das ist Josef, der Vater von Michael. Er war das Kind von ... etc. ... seine Einstellung zum Leben lautete ... “

- Kleben Sie Fotos der Eltern in Ihr Lebensbuch ein und schreiben Sie das jeweilige Lebensmotto darunter.
- Formulieren Sie nun die wichtigsten Ratschläge von Vater und Mutter an das Kind. Dieser Rat muss nicht verbal gegeben worden sein, er kann sich auch aus der Art und Weise der Eltern zu leben ergeben. Stellen Sie sich aber vor, die Eltern hätten ihre Ratschläge ausgesprochen. Etwa so:

  „Michael, achte immer darauf, ... das Leben ... die Menschen ... “

  „Michael, du musst ... du sollst nicht ... “

- Schreiben Sie diese Ratschläge unter die Fotos der Eltern.

Umgang mit möglichen Schwierigkeiten

Vielleicht grübeln Sie auch hier über die Botschaften der Eltern an Sie nach. Wieder geht es nicht um so genannte Wahrheiten, sondern allein um die Botschaften, die Sie empfangen haben. Stellen Sie sich vor: Wenn meine Eltern mir verbale Ratschläge gegeben hätten, die deren eigene Lebenserfahrungen wiedergeben, sozusagen ein Rüstzeug für das Leben und den Umgang mit Menschen dann würden diese lauten: „ ...... “

Machen Sie einen konkreten Termin für die Station 5 aus. Für diese 5. Station brauchen Sie etwas mehr Zeit.

Zur Bedeutung von Zeugung und Geburt

Inzwischen weiß man, dass die Lebensweise der Eltern, speziell auch der Mutter, auch für das noch ungeborene Kind eine große Rolle spielt. Nachgewiesen sind beispielsweise körperliche Einflüsse durch Alkohol- und Tablettengebrauch oder durch das Rauchen. Nachgewiesen sind aber auch Einflüsse auf die emotionale und psychische Entwicklung des ungeborenen Kindes. Ungeborene Kinder nehmen nämlich einiges von dem wahr, was in der Umwelt geschieht. Wie genau das vor sich geht, ist noch unklar. Vorstellbar sind Einflüsse durch den hormonellen Zustand der Mutter, aber auch akustische und atmosphärische Eindrücke spielen eine Rolle.

Auch die Vorgänge um die Geburt prägen sich in das Körpergedächtnis ein. So kann eine schwere Geburt durchaus zu einer traumatischen Erfahrung von Enge und Angst werden und bestimmte Haltungen gegenüber der Welt hervorrufen. Noch im hohen Alter können dann unter entsprechenden Umständen die Befürchtungen und Reaktionen von damals reaktiviert werden. Eine solche grundlegende Befürchtung könnte beispielsweise in der Angst bestehen, nicht zu überleben, sobald man in eine Enge gerät. Diese Enge kann körperlicher Natur sein und dann zu Platzangst und Panik führen, oder emotionaler Natur, etwa, wenn jemand von seinem Partner verlassen wird und dann ebenfalls mit starker Panik reagiert oder wenn man beruflich in die Enge gerät.

Vom Einfluss der Geburt auf das spätere Leben wissen Körpertherapeuten schon seit Jahrzehnten. Wer bei der Geburt unverhältnismäßige Schmerzen erlebt, beispielsweise weil er mit der Zange geholt wird oder aufgrund anderer Komplikationen, wird sich kaum in gleicher Weise in der Welt empfangen fühlen wie jemand, bei dem der Übergang in die Welt glatt verläuft.

Geburtsärzte wie der bekannte Arzt Leboyer haben schon vor Jahrzehnten nach Wegen gesucht, den Empfang auf dieser Welt möglichst liebevoll zu gestalten. Statt kalter und grell beleuchteter Kreissäle und steriler Klinikatmosphäre werden die Kinder in moderat beleuchteten, warmen Räumen empfangen und ihren Müttern in die Arme gelegt. Auch die Wassergeburt, in der Kinder in angewärmtem Wasser empfangen werden, soll den Übergang in die Welt möglichst angenehm gestalten.

Aufgrund meiner eigenen Tätigkeit in zahllosen Seminaren, die sich mit Kindheit und Geburt befassen, bin ich zu der Überzeugung gekommen, dass sich wichtige Lebenshaltungen bereits zu diesem frühen Zeitpunkt bilden können. Aufgrund einer schweren Geburt oder aufgrund von Konflikten der Eltern während der Schwangerschaft kann beispielsweise die Überzeugung entstehen, in dieser Welt nicht willkommen zu sein, „nicht hierhin zu gehören".

Zeugung, Schwangerschaft und Geburt kommen also eine große Bedeutung zu, weshalb diese Lebensstationen auch im Lebensbuch entsprechend berücksichtig werden.

Station 5 – Zeugung und Geburt

In dieser Station gehen Sie von Erinnerungen in den Bereich der Fantasie über. Schließlich kann sich niemand bildlich oder gedanklich an seine früheste Kindheit oder Geburt erinnern, und schon gar nicht an seine Zeugung. Das macht aber nichts. Denn es geht wieder nicht um so genannte Realität, sondern darum, wie Sie sich diese Ereignisse vorstellen. In Ihre Vorstellung fließt quasi automatisch ein, was Sie über Zeugung und Geburt aus den Erzählungen Ihrer Eltern oder Verwandten wissen, aber auch das, was Sie als emotionale oder körperliche Erinnerungen davon heute zur Verfügung haben. Und natürlich das Wichtigste: Ihre Lebenshaltung.

Die vier Aufgaben der Station 5

Schritt 1: Eine Fantasie der Zeugung und Schwangerschaft

- Entwickeln Sie eine Fantasie der Zeugung von X und schreiben Sie diese auf. Stellen Sie sich dazu vor, Zeuge dieser Situation zu sein und schildern Sie das Geschehen in Gegenwartsform, etwa so:

  „Ich sehe die Eltern von X. Sie sind ... und tun ... fühlen ... denken ...“

  Beantworten Sie im Laufe der Fantasie folgende Fragen:

  - Wo sind die Eltern?
  - Was passiert dort genau, was tun sie?
  - Was denken die Eltern voneinander?
  - Was fühlen die Eltern füreinander?
  - Wie verläuft ihr Zusammensein?
  - Wissen die Eltern, dass sie zeugen? Oder passiert es zufällig?
- Beschreiben Sie den Ablauf detailliert aus Sicht des Zeugen.
- Nun geht es mit der Schwangerschaft weiter. Entwickeln Sie eine Phantasie von Ihrem Aufenthalt im Mutterleib und beantworten im Laufe der Fantasie folgende Fragen:
  - Wie fühlt sich X im Mutterleib?
  - Wie erfahren die Eltern von der Schwangerschaft?
  - Wie reagieren Mutter und Vater darauf?
  - Was passiert während der Schwangerschaft in der Außenwelt?
  - Der Zeitpunkt der Geburt kommt näher: Was empfindet X bei dem Gedanken, bald „da raus“ zu müssen? Freut er/sie sich auf die Familie, die Welt? Möchte er/sie noch „da drin“ bleiben?

Umgang mit möglichen Schwierigkeiten

Eine Fantasie von Zeugung und Geburt zu entwickeln ist wahrscheinlich etwas sehr Ungewöhnliches. Lassen Sie sich etwas Zeit, in die Aufgabe hineinzukommen. Schließen Sie die Augen und phantasieren sie, in diesem Moment Zeuge der Situation zu sein. Es mögen unangenehme oder angenehme Vorstellungen auftauchen, aber es ist in jedem Fall spannend und aussagekräftig, wie Sie sich Ihre Zeugung und Geburt vorstellen. Einiges aus diesen Fantasien werden Sie in seiner Bedeutung womöglich erst später verstehen nd einordnen können. Das ist völlig in Ordnung so.

Gehen Sie nun zum zweiten Schritt dieser Station über.

Schritt 2: Ein Bild von der Zeugung

- Malen Sie für die Zeugung ein Bild. Benutzen Sie dazu Farbstifte oder Wasserfarben. Das Bild braucht nicht gegenständlich zu sein, es kann einfach durch Farben und Formen die Qualität des Ereignisses symbolisieren.
- Geben Sie dem Bild anschließend einen Namen, der die Atmosphäre und Bedeutung der Situation benennt und schreiben Sie ihn über das Bild.

Gehen Sie nun zum dritten Schritt der Station über.

Schritt 3: Eine Fantasie der Geburt

Die Geburt schildern Sie nicht als Zeuge, sondern in der Ich-Form.

- Schließen Sie zur Entwicklung dieser Fantasie die Augen und stellen Sie sich vor, im Mutterleib kurz vor der Geburt zu sein. Murmeln Sie leise vor sich her, was gerade passiert. Nach einigen Minuten unterbrechen Sie die Fantasie und schreiben den Ablauf auf. Dann schließen Sie die Augen und fahren in dieser Weise fort. Beantworten Sie dabei folgende Fragen:
  - Wo und wie verläuft die Geburt?
  - Wer ist anwesend und was tun, denken und fühlen diejenigen?
  - Wie verläuft meine Ankunft in der Welt? Was fühle ich dabei?
  - Wie reagieren die Eltern auf? Was fühlen und denken Sie mir gegenüber?
  - Schauen Sie sich um: Was scheint diese Welt für ein Ort zu sein?

Gehen Sie nun zum letzten Schritt der Station über.

Schritt 4: Ein Bild von der Geburt

- Verfahren Sie mit dem Bild der Geburt so wie in Schritt 2. Entscheiden Sie wiederum selbst, ob es sich um ein symbolisches oder ein gegenständliches Bild handelt und geben Sie dem Bild anschließend einen Titel.

Umgang mit möglichen Schwierigkeiten

Wenn Sie es nicht gewohnt sind zu malen, zensieren Sie Ihr Werk womöglich schon, bevor es auf dem Papier ist. Dabei geht es hier nicht im Mindesten um irgendwelche künstlerischen Fähigkeiten, sondern allein um den Ausdruck von Empfindungen. Der Verstand kann hierüber nicht entscheiden, nur das Gefühl.

Ebenso verhält es sich mit den Namen, die Sie den Bildern geben. Diese sollten ebenfalls aus Ihren Empfindungen stammen und nicht ausgedacht sein.

Machen Sie nun einen konkreten Termin mit sich für die sechste Station aus.

Station 6 – Botschaften und Überzeugungen der frühsten Kindheit

Die Zeit, in die jemand geboren wird, die gesellschaftliche Schicht, der seine Familie angehört, ob die Familie arm oder reich ist, die Berufe der Eltern, die Tatsache, ob die Eltern beide vorhanden sind oder ein Kind von einem Elternteil erzogen wird, die Anzahl und das Alter der Geschwister, der Verlauf von Zeugung und Geburt, all das spielt für die Botschaften, die jemand aus seiner Umgebung aufnimmt, eine Rolle. Damit haben wir uns bisher befasst. Nun geht es darum, das Zusammenwirken dieser Faktoren zu erforschen.

Die Aufgabe der Station 6

In diesem Abschnitt formulieren Sie aus der Rolle des Beobachters Botschaften und Überzeugungen, die in der frühen Kindheit entstanden sind. Auch hierbei kommt es nicht auf scheinbare Objektivität, sondern auf Ihr Empfinden an. Es geht darum, was *dieses Kind* Ihrem Gefühl nach *damals* an Empfindungen und Überzeugungen entwickelte.

- Lesen Sie als Erstes die Stationen 3-5 nochmals durch und betrachten Sie die Bilder. Lassen Sie sich ruhig etwas Zeit dafür.
- Beantworten Sie nun aus der Rolle des Beobachters die Fragen auf den beiden Seiten, die sich zur Station 6 im Lebensbuch befinden. Die Sätze sind dort zum Teil vorformuliert, was aber nicht den Inhalt, sondern nur die Richtung Ihrer Antwort betrifft.
- Gehen Sie in Ruhe und sorgfältig vor. Sie brauchen sich Botschaften und Überzeugungen nicht auszudenken. Es kommt vielmehr darauf an, in sich hinein zu hören und zu spüren und das wiederzugeben, was Sie dort im Licht der Schilderung frühster Kindheitsempfindungen vorfinden.

Umgang mit möglichen Schwierigkeiten

Hier sollen Sie „Atmosphären", also Stimmungen in passenden Begriffen beschreiben. Solche Begriffe können einzelne Worte sein (beispielsweise: angespannte ... liebevolle ... eisige ... eng ... großherzig ...) oder sie können aus zusammengesetzten Worten bestehen (beispielsweise: liebevoll-distanziert ... äußerlich-korrekte-innerlich-gleichgültige ...). Lassen Sie Ihre Fantasie beim Erfinden dieser Begriffe spielen. Die Begriffe müssen sich nicht gut anhören, sondern stimmig anfühlen.

So verhält es sich auch mit den Überzeugungen, die Sie in Bezug auf das Leben, die Menschen und Sie selbst formulieren. Anstatt Überzeugungen könnte man auch die Worte „Erwartungen" oder „Befürchtungen" nehmen. Diese können sowohl positiv als auch negativ ausfallen.

Um es einfacher zu machen erinnern Sie sich daran: Es geht jetzt nicht direkt um Sie, es geht um „das Kind damals", um seine Überzeugungen, Hoffnungen, Erwartungen, Befürchtungen.

Verabreden Sie einen Termin mit sich für die siebte Station.

Station 7 – Die ersten Lebensjahre

Wenden Sie sich nun den ersten Lebensjahren zu. Diesen Jahren kommt ebenfalls eine grundlegende Bedeutung zu, da sich erste Grundmuster darin entweder bestätigen und/oder neue Überzeugungen bilden. Die Folgen einer möglicherweise schweren Geburt lassen sich eventuell durch einen liebevollen Umgang mit dem Baby auffangen. Es kann zu einschneidenden Erlebnissen kommen, beispielsweise zu Trennungen von den Eltern oder zu Todesfällen in der Familie. Erste Kontakte zur Außenwelt, beispielsweise im Kindergarten, finden statt.

Normalerweise hat kaum jemand Erinnerungen an die ersten Lebensjahre, also die Zeit zwischen Geburt und Schulzeit. Diese mögen sich aus Bruchstücken von Erlebnissen und Erzählungen zusammensetzen. Das macht aber nichts, weil im Lebensbuch ja nicht eine so genannte Realität, sondern die Eindrücke und Vorstellungen dieser Realität interessieren.

Die Aufgabe der Station 7

- Schauen Sie sich Ihre Fotoalben durch und lassen Sie Erinnerungen an die ersten Lebensjahre bis zur Schulzeit aufsteigen.
- Fertigen Sie eine kleine Skizze an, in der die Wohnung und die wichtigsten Orte, an denen sich X aufgehalten hat, eingezeichnet sind (Schule, Orte wo gespielt wurde).
- Schildern Sie aus der Rolle des Beobachters die ersten Lebensjahre von X und beantworten Sie dazu unter anderem die folgenden Fragen:
  - Wo hat X gewohnt und mit wem unter welchen Umständen gelebt?
  - Welche einschneidenden Ereignisse (Urlaube, Ausflüge, Todesfälle, Geburten etc.) haben stattgefunden?
  - Wie haben sich die familiären Umstände in dieser Zeit entwickelt?
  - Wie hat sich das Verhältnis zu den Eltern dargestellt?
  - War X im Kindergarten, und wie war es dort für ihn?
  - Welche Freunde hatte X im Laufe dieser Zeit und welchen Stand hatte er unter ihnen?
  - Schildern Sie diese Ereignisse und auch, was sie für X bedeutet haben.
  - Kleben Sie Fotos oder Kopien davon in das Lebensbuch.

Umgang mit möglichen Schwierigkeiten

Sie könnten eventuell versucht sein, diese Zeiträume zu schnell abzuhandeln. Überlassen Sie sich in Ruhe Ihren Erinnerungen, Sie werden verwundert sein, wie viele Erinnerungen auftauchen, wenn Sie in alten Fotoalben stöbern oder gedanklich in diese Zeit zurückwandern.

Machen Sie nun einen Termin mit sich für die achte Station aus.

Die Schulzeit umfasst meist etliche Jahre, hier ist die Zeit von der ersten Klasse Grundschule bis etwa zum 13. Lebensjahr gemeint. Die spätere Schulzeit und die Pubertät können Sie unter dem Kapitel „Die Jugend" erzählen.

Die Aufgabe der Station 8

- Fast jeder hat ein Foto seines ersten Schultages. Kleben Sie Fotos von der Schulzeit in ihr Lebensbuch ein. Falls nicht genug Platz ist, fügen Sie Seiten hinzu.
- Schildern Sie aus der Rolle des Beobachters die Schulzeit von X.
    - Welche Schulen hat X besucht?
    - Welche Lehrer waren für ihn wichtig?
    - Wie ist X in der Schule leistungsmäßig klargekommen?
    - Welche Ereignisse aus dieser Zeit haben sich eingeprägt?
    - Was ist in der Schulzeit Schlimmes und was ist Schönes geschehen?
    - Welche Freunde/Freundinnen haben eine Rolle gespielt?
    - War X ein Außenseiter oder welche Rolle im Freundeskreis hat er gespielt? (z.B. Clown, Anführer ...)
    - Wer waren Gegner/Feinde und wie ist er mit ihnen umgegangen und sie mit ihm?
    - Wie hat X die Freizeit nach der Schule verbracht?
    - Wie haben sich die Familienverhältnisse von X während dieser Jahre entwickelt und verändert?

Umgang mit möglichen Schwierigkeiten

Vielleicht erscheint Ihnen dieser Abschnitt zu kurz. Dann zögern Sie nicht, das Lebensbuch um einige Seiten zu erweitern. Kleben Sie diese einfach ein und geben Sie den einzelnen Themen eine Überschrift.

Machen Sie nun einen Termin mit sich für die neunte Station.

Station 9 – Die wichtigsten Erlebnisse der Kindheit

Der Lebensweg, den Sie bis von der Babyzeit zum Alter von etwa 13 Jahren gegangen sind, mag wechselhaft gewesen sein. Vermutlich sind Sie durch gute, aber auch durch schwere Zeiten gegangen. Es hat Höhepunkte und Tiefpunkte gegeben, schöne und schlimme Ereignisse.

Die beiden Aufgaben der Station 9

- Stellen Sie sich X im Alter von etwa 13 Jahren vor.
- Stellen Sie sich weiter vor, X dreht sich an diesem Punkt um und schaut in die vergangenen 13 Jahre hinein. Dort sieht er alle Ereignisse, die von Bedeutung waren.

Schritt 1: Die <u>schlimmsten</u> Erlebnisse der Kindheit

- Schildern Sie als Beobachter die schlimmsten Erlebnisse, die X widerfuhren.
- Schildern Sie diese Erlebnisse einschließlich der Gefühle und Gedanken, die X hierbei hatte.
- Was haben diese Erlebnisse für X bedeutet?
- Welche „Lehren“ oder Schlüsse hat X daraus gezogen?

Gehen Sie nun gleich um zweiten Schritt über.

Schritt 2: Die <u>schönsten</u> Erlebnisse der Kindheit

- Schildern Sie als Beobachter die schönsten Erlebnisse der Kindheit, einschließlich der Gefühle und Gedanken, die X hierbei hatte.
- Was haben diese Erlebnisse für X bedeutet?
- Was haben sie X gegeben?

Umgang mit möglichen Schwierigkeiten

Vielleicht fällt es Ihnen schwer, die Ereignisse der Kindheit in ihrer Reihenfolge zu sehen. In dem Fall könnten Sie eine Zeitlinie zeichnen, die mit der Zeugung beginnt und im Alter von 13 Jahren endet. Zeichnen Sie auf dieser Linie die Schlüsselerlebnisse im jeweiligen Alter ein. Schildern Sie dann schriftlich die jeweilige Bedeutung für X, einschließlich der emotionalen und geistigen Konsequenzen, die Sie damit verbunden sehen.
(Beispiel für Schlüsselpunkte: ein Umzug, ein Geburts- oder Todesfall in der Familie, eine Veränderung im Umfeld, ein bestimmtes Erlebnis usw.).

Machen Sie nun einen Termin mit sich für die zehnte Station.

Wie immer das Leben von X bis hierhin - also bis etwa zum 13. Lebensjahr verlaufen ist – er oder sie ist „durchgekommen“. Dabei haben bestimmte Menschen eine besondere Rolle gespielt. Diesen Menschen hat X etwas zu verdanken, weil sie ihm/ihr etwas Besonderes vermittelt haben. Etwas, ohne das X nicht bis dorthin gekommen wäre oder zumindest nicht so gut. Etwas, das auch in seinem späteren Leben weiterwirkt.

Es muss sich bei den hier beschriebenen wichtigsten Menschen nicht um die Eltern oder Familienmitglieder handeln. Vielmehr geht es allein um das Erleben von X. Nicht was *Sie* denken, sondern was X zu den Menschen denkt und empfindet, denen er/sie begegnete, ist hier ausschlaggebend.

Die Aufgabe der Station 10

- Verlassen Sie die Beobachterrolle und versetzen Sie sich in das Kind X im Alter von etwa 13 Jahren. Beantworten Sie als das Kind folgende Fragen:
  - Wer waren ganz wichtige Menschen für Dich, die dir durch ihr Tun oder einfach durch ihr Dasein geholfen haben? Das sind Menschen, denen Du in besonderer Weise dankbar bist.
  - Wo und unter welchen Umständen bist Du diesen Menschen begegnet?
  - Wie waren diese Begegnungen für Dich wichtig? Was haben sie Dir gegeben?
  - Was wäre aus Dir geworden, wenn Du diese Menschen nicht gehabt hättest?
  - Welche ausgesprochenen oder unausgesprochene Botschaft hast Du von diesem Menschen empfangen? Schreibe diese Botschaften auf.

Umgang mit möglichen Schwierigkeiten

Um sich in das Kind zu versetzen stellen Sie es sich zuerst vor. Dazu schließen Sie am besten die Augen. Betrachten Sie es und spüren Sie seine Eigenschaften in sich.

Überlassen Sie es dann dem Kind zu entscheiden, welche Menschen in seinem bisherigen Leben wichtig waren.

Menschen können für Kinder wichtig sein, einfach durch das Beispiel, das sie geben oder durch die Art und Weise, in der sie ein Kind ansehen und ihm begegnen. Auf solche Weise kann sich Trost, Kraft, Zuversicht oder sonst eine Eigenschaft übertragen.

Vertrauen Sie dem Kind, es weiß, welche Menschen faszinierend, stärkend, unterstützend oder sonst wie hilfreich waren.

Machen Sie nun einen Termin mit sich für die elfte Station.

Soweit sind die Bedingungen erfüllt, um einen umfassenden Blick darauf zu werfen, wie das Kind, das Sie einmal waren, das Leben sah. Dieser Blick soll die grundlegenden Überzeugungen des Kindes entdecken helfen.

Überzeugungen

Es ist überaus hilfreich zu erkennen, welchen Überzeugungen man in Bezug auf sein Leben folgt, auch und gerade weil die wichtigsten dieser Überzeugungen unbewusst sind. Überzeugungen stellen scheinbare Wahrheiten dar. Wenn jemand davon überzeugt ist, „Ich schaffe es nicht, es hat keinen Sinn, sich anzustrengen" oder im Gegenteil dazu fest davon überzeugt ist „Ich schaffe es hier raus", dann wird sein Leben einen unterschiedlichen Verlauf nehmen, weil er sich unterschiedlich verhält. Im ersten Fall wird Resignation eine große Rolle spielen, im zweiten Fall Anstrengung. Mit einer resignativen Einstellung kann man nichts Anstrengendes durchhalten und gibt zu früh auf. Wer sich anstrengt, kann hingegen womöglich Ziele eher erreichen.

Doch Vorsicht: Was ich hier sage hat nichts mit positivem Denken zu tun. Beide zitierte Einstellungen können positive oder negative Auswirkungen haben. Zuviel an Anstrengung und die Selbstüberschätzung etwa der Überzeugung „Ich schaffe alles was ich will" können sehr negative Folgen haben; und Resignation kann etwas sehr Heilsames sein, wenn man sich tatsächlich zuviel vorgenommen hat. Es geht bei der Erforschung von Überzeugungen also nicht um Wertungen, sondern um Entdeckungen. Wer seine grundlegenden Überzeugungen entdeckt und realisiert, wie tief sie in seine emotionale Wahrnehmung eingegraben sind, der gerät in die Lage, sie in Frage zu stellen. Mehr ist nicht nötig. Wenn jemand erkennt „Vielleicht ist das Leben doch nicht so, vielleicht bin ich doch liebenswerter, vielleicht ist doch etwas Anderes möglich", dann ist das Ziel des Abschnitts „Kindheit" erreicht.

Die Aufgabe der Station 11

Der Blick auf die grundlegenden Überzeugungen sollte ein Blick hinter die Kulissen sein, ins Innere. Dazu versetzen Sie sich in dieser Station in das Kind hinein. Blättern Sie das Lebensbuch durch und lesen Sie die wichtigsten Aussagen nochmals.

- Stellen Sie sich nun vor, das Kind zu sein, das das beschriebene Leben gelebt hat.
  - Beschreibe, wie Du Deinen bisherigen Lebensweg empfindest und erläutere diese Empfindungen ausführlich.
  - Vervollständige dann die Sätze auf der zweiten Seite der Station 11 des Lebensbuches.

Umgang mit möglichen Schwierigkeiten

Denken Sie daran, dass es völlig uninteressant ist, was andere über das Leben sagen oder denken. Hier ist nur Ihr eigenes Empfinden (als dieses Kind) wichtig, ganz egal, wie das aussieht! Lassen Sie sich Zeit. Die Antworten wollen erspürt werden, nicht erdacht.

Machen Sie nun einen Termin mit sich für die zwölfte Station.

Wenn Menschen im Alter von den Zielen ihres Lebens sprechen, berichten sie oft etwas in der folgenden Art. „Ich habe schon als Kind gewusst ..." oder „Schon damals im zarten Alter von sieben Jahren habe ich den Entschluss gefasst ...".

Das ist nichts Außergewöhnliches. Wenn man bedenkt, dass jede Kindheit in irgendeiner Weise einseitig ist, dass in jeder Kindheit, gleichgültig wie sie abläuft, etwas fehlt oder etwas vermisst wird, dann verwundert es nicht, wenn Kinder sich – zu diesem Zeitpunkt meist unbewusst – vornehmen, sich das im späteren Leben irgendwie zu beschaffen.

In der Kindheit werden die großen Lebensträume geboren, dort entsteht die Faszination an Lebenszielen. Diese Ziele erscheinen dem Bewusstsein als etwas, das in der Außenwelt zu erreichen ist. Doch viel mehr als um diese äußeren Ziele geht es um die Zustände, die inneren Ziele, die man dadurch verwirklichen will, dass man etwas in der Welt erschafft oder anstrebt.[4] Erst gegen Ende eines Lebens wird sich dann herausstellen, ob ein Mensch die Ziele hinter seinen Zielen erreicht hat.

Die beiden Aufgaben der Station 12

Schritt 1: Die Träume des Kindes

- Versetzen Sie sich in dieser Station in das etwa 13jährige Kind und erzählen Sie als dieses Kind in der Ich-Form.
  - Worunter leidest du am meisten?
  - Was vermisst Du in Deinem Leben bisher am meisten?
  - Wonach sehnst du Dich?
  - Wovon träumst Du in Deinen täglichen und auch Deinen kühnsten Träumen?
  - Was hast Du Dir für Dein späteres Leben vorgenommen?
  - Was willst Du auf jeden Fall vermeiden und wie gedenkst Du, das zu tun?
  - Was willst Du einmal haben und/oder erreichen?
  - Wozu ist das wichtig? Was versprichst Du Dir davon?

Schritt 2: Ein Bild der Träume

- Malen Sie anschließend als Kind ein Bild, das diese Träume ausdrückt, also das, was es verwirklichen möchte oder wonach es sich sehnt.

Umgang mit möglichen Schwierigkeiten

Vielleicht ist es nicht einfach, sich in das Kind zu versetzen. Schließen Sie dazu die Augen und sprechen Sie die Antworten erst einmal flüsternd aus. Lassen Sie sich von den Sehnsüchten des Kindes berühren. Suchen Sie nach der stimmigen Antwort auf die jeweilige Frage und schreiben Sie diese dann auf.

Machen Sie nun einen Termin mit sich für die dreizehnte Station.

---

[4] Siehe hierzu ausführlich vom Autor: Lebe deine Träume, Lübbe-Verlag

Jetzt ist es an der Zeit, dass Sie sich dem Kind, über das Sie so viel berichtet haben und in das Sie sich ab und zu hineinversetzt haben, unmittelbar zuzuwenden.

Das Kind, das in Ihren Erzählungen und Erinnerungen lebendig geworden ist mag sein wie es will, schön oder hässlich, dick oder dünn, einfältig oder schlau – die einzige Möglichkeit, den Kontakt zu ihm verbessern besteht darin, sich ihm zuzuwenden. Einen Kontakt mit dem Kind aufzunehmen, das Sie einmal waren, mag Ihnen leicht oder schwer fallen. Vielleicht mögen Sie das Kind oder haben etwas an ihm auszusetzen. Vielleicht halten Sie Distanz zu ihm oder sehnen sich nach ihm. Wie immer Ihr Kontakt zu dem Kind gerät, das ist in Ordnung so. Es hat seine Gründe.

Vielleicht ist Ihnen der Begriff das „Innere Kind“[5] bekannt. Damit ist eine Wahrnehmung gemeint, die ihren Ursprung in der Kindheit hatte und die sich bis ins erwachsene Leben hinein erhalten hat. Ein Kind erlebt und erklärt sich die Welt naturgemäß aus einer sehr emotionalen Warte heraus; und daher ist das Innere Kind ein anderer Namen für die eigene Gefühlswelt. Gefühle sind immer kindisch, weil sie eben nicht rational und vernünftig sind. Aber ohne Gefühle wären wir alle Automaten und unsere Welt wäre eine tote Welt. Lebendig ist ein Mensch, solange ein Kind in ihm lebt, oder anders gesagt: Solange er Gefühle hat und diesen Gefühlen einen wichtigen Platz in seinem Leben einräumt. Das geschieht, indem man sich seinen Gefühlen zuwendet, und darin liegt der Sinn dieser Station.

Die vier Aufgaben der Station 13

Schritt 1: Einen Brief an das Kind schreiben

- Verschaffen Sie sich zuerst einen Überblick über die Kindheit, indem Sie Ihr Lebensbuch anschauen. Sie haben eine Menge über dieses Kind, seine Erlebnisse, seine Innenwelt und seine Einstellungen zum Leben erfahren.
- Schreiben Sie nun einen Brief an dieses Kind. Dies ist kein Brief an sich als Erwachsener, sondern an das Kind, das Sie einmal waren. Vielleicht haben Sie Fotos des Kindes, die Ihnen helfen, das Kind zu verbildlichen. Erzählen Sie im Brief:
  - Welche Gefühle Sie ihm gegenüber empfinden,
  - Was Sie über es denken
  - Was Sie besonders gut und anerkennenswert an ihm finden;
  - Was Sie glauben, was ihm fehlt und was es braucht.

Umgang mit möglichen Schwierigkeiten

Dieser Brief unterscheidet sich von dem ersten Brief des Lebensbuches. Dieser ging an Sie selbst, der jetzige geht an das Kind. Lesen Sie jetzt NICHT den damaligen Brief durch, sondern schreiben Sie erst einmal diesen hier.

Wenden Sie sich nun gleich dem zweiten Schritt zu.

---

[5] Siehe vom Autor *Begegnungen mit dem Inneren Kind*, Nordholt-Verlag (www.michaelmary.de)

Schritt 2: Ihr Verhältnis zum Kind formulieren

- Lesen Sie den Brief nach dem Schreiben nochmals in Ruhe durch und beantworten Sie nun aus der Distanz des Beobachters folgende Fragen:
    - Welches Verhältnis haben dieser Mann/diese Frau (der Briefeschreiber) und das Kind zueinander? Ist es das Verhältnis eines liebenden Erwachsenen zu einem sich geliebt fühlenden Kind? Oder ist da eine Distanz, Fremdheit oder sonst etwas, das zwischen den beiden steht?
- Finden Sie einen Begriff, der das Verhältnis der beiden beschreibt. Die Beziehung der beiden ist „ ... zart ... hart ... gleichgültig ... belehrend ... liebevoll ... oder ...“
- Ergänzen Sie die Sätze auf der zweiten Seite zur Station 13 im Lebensbuch.

Wenden Sie sich nun gleich dem dritten Schritt zu.

Schritt 3: Kontakt mit dem Kind aufnehmen

Nun kommt eine wichtige Aufgabe, die eine kleine Übung darstellt. Diese Übung erfordert etwas Zeit und Aufmerksamkeit für Ihre Gefühle, die ja durch die Figur des Kindes symbolisiert werden.

- Schließen Sie die Augen und stellen Sie sich vor, dieses Kind wäre anwesend, unmittelbar vor Ihnen. Betrachten Sie das Kind mit Ihrem inneren Auge.
- Nehmen Sie die Impulse wahr, die sie diesem Kind gegenüber haben. Wollen Sie es anschauen, anfassen, ihm etwas sagen?
- Tun Sie das jetzt. Nehmen Sie jetzt Kontakt zu dem Kind auf, so, als ob da tatsächlich ein Kind anwesend wäre. Strecken Sie die Hand aus, wenn Sie es berühren wollen oder öffnen Sie die Arme, wenn Sie es an Ihr Herz drücken wollen.
- Wenn Ihnen dieser Kontakt zu nahe sein sollte, bieten Sie eine andere Form von Kontakt an. Beispielsweise Augenkontakt oder Kontakt mit den Händen.
- Sollten Sie auch das zu nahe finden, beispielsweise weil Sie das Kind nicht mögen, dann nehmen Sie verbal Kontakt auf. Sagen Sie ihm: „Was ich gut verstehen kann ist ...“ und führen Sie diesen Satz zu Ende. Halten Sie Kontakt!
- Genießen Sie den körperlichen oder Blickkontakt und stellen Sie sich vor, mit dem Kind zu verschmelzen. Nehmen Sie sich zumindest fünf Minuten Zeit hierfür. Gehen Sie dann gleich zum letzten Schritt dieser Station über.

Umgang mit möglichen Schwierigkeiten

Es kann der Kontakt zum Kind erleichtern, wenn es durch einen Gegenstand – bsw. ein Kissen – symbolisiert wird. So wird es anfassbar und die körperliche Nähe spürbar.

Schritt 4: Ein Bild des Kontaktes zum Kind

- Malen Sie nun ein Bild, gegenständlich oder symbolisch, das das Verhältnis von Ihnen und dem Kind zeigt, so wie Sie es erlebt haben.
- Geben Sie dem Bild einen Titel.

Machen Sie nun einen Termin mit sich für die vierzehnte Station.

Die Jugend umfasst den Lebensabschnitt etwa vom 12/13. bis zum 18./20. Lebensjahr. In dieser Zeit geschieht eine mehr oder weniger ausgeprägte Ablösung von der Kindheit, den Eltern und deren Vorgaben. Es werden Erfahrungen mit Sexualität und Liebe gemacht und die Weichen für die berufliche Ausbildung werden gestellt.

Die Pubertät und Jugendzeit ist meist eine konfliktreiche Zeit, was sowohl für innere Konflikte als auch für Konflikte mit anderen Menschen zutrifft. Es ist eine Zeit des Übergangs von der Familie zur Welt, eine aufregende, aber auch oft schwierige Zeit.

Die Aufgabe der Station 14

- Beschreiben Sie schriftlich als Beobachter, wie X folgendes erlebt hat:
  - Welche körperlichen Veränderungen sind X im Laufe der Pubertät aufgefallen und wie ist er/sie damit umgegangen?
  - Welche Veränderungen im Kontakt zu den Eltern fanden in der Pubertät statt? Gab es grundlegende Konflikte?
  - Welche Freunde hat X in der Jugend gehabt und in welcher Hinsicht waren diese für ihn wichtig?
  - Wie haben sich die Reaktionen anderer Menschen auf X verändert, als dieser männlicher/weiblicher wurde?
  - Wofür begann X zu schwärmen?
  - Welche Interessen hat X in der Jugend entwickelt?
  - Wie hat sich das erste Interesse von X an Liebe und Sexualität bemerkbar gemacht und welche Gedanken und Empfindungen hat dies ausgelöst?
  - Hat sich X mit Sinnfragen befasst? Mit welchen und wie?
  - Wogegen hat X sich aufgelehnt und wenn ja in welcher Form?
- Kleben Sie Fotos auf die Seiten im Lebensbuch, die aus der Jugendzeit stammen und versehen Sie diese mit Kommentaren über X.

Umgang mit möglichen Schwierigkeiten

Diese Station dürfte wenige Schwierigkeiten bereiten. Möglicherweise tragen Sie bestimmte Urteile über den Jugendlichen mit sich. Lassen Sie diese nicht mit in Ihre Beschreibung einfließen, sondern beschreiben Sie diese Zeit und den Jugendlichen so neutral wie möglich. Schreiben Sie beispielsweise nicht „X war zu unsicher“ sondern „X war unsicher“.

Machen Sie nun einen Termin mit sich für die fünfzehnte Station.

Die Sexualität stellt einen zentralen Erfahrungsbereich jugendlichen Lebens dar; und vielleicht widerfährt dem Jugendlichen bereits eine erste Liebe.

Das Verhältnis zur eigenen Geschlechtlichkeit, dessen Wurzeln in der Kindheit liegen und das sich in der Jugend entfaltet, spielt in Hinsicht auf das Thema Selbstliebe eine wichtige Rolle. Auch wenn sexuelle, erotische und Liebeswünsche natürlich völlig natürlich sind, kann man ihnen positiv begegnen oder sich dafür abwerten. Selbstliebe hat auch viel damit zu tun, ob man sich „als Mann“ oder „als Frau“ akzeptiert und mag.

Die Aufgabe der Station 15

- Formulieren Sie die Botschaften, die X bezüglich der Sexualität von Mutter und Vater erhalten hat. Stellen Sie sich dazu vor, Mutter und Vater von X würden offen sagen, was sie von Sexualität und dem anderen Geschlecht halten. Schreiben Sie diese Botschaften der beiden getrennt voneinander in das Lebensbuch.
    - Mutter: *„Sexualität ist ... Männer sind ...“*
    - Vater: *„Sexualität ist ... Frauen sind ...“*
- Beschreiben Sie als Beobachter die Erfahrungen, die X mit Sexualität und Liebe in der Jugend gemacht hat. Beispielsweise ... der erste Kuss ... das erste Mal ...
- Welche Gedanken und Gefühle haben die ersten Erfahrungen mit Sexualität und Liebe hervorgerufen?
- In welche inneren Konflikte ist X bezüglich Sexualität/Liebe geraten?
- In welche Konflikte mit Anderen ist X bezüglich Sexualität/Liebe geraten?
- Zu wem bestand die erste Liebesbeziehung und wie ist sie verlaufen?
- Welche Einstellung/Haltung hat X gegen Ende seiner Jugend zu Sexualität gezeigt?

Umgang mit möglichen Schwierigkeiten

Wenn es um die Botschaften der Eltern bezüglich Sexualität geht, sollten Sie sich ganz auf Ihr Gefühl verlassen. Es geht nicht unbedingt um wirkliche Äußerungen der Eltern, wichtiger ist, was Sie den beiden in den Mund legen – aus Ihrem Empfinden heraus.

Machen Sie nun einen Termin mit sich für die sechzehnte Station.

Zur Jugend (12/13. bis 18/20. Lebensjahr) gehört die Phase einer ersten Berufsausbildung. Der Weg in die Unabhängigkeit zeichnet sich ab, der Jugendliche muss sich mehr als bisher mit der Welt auseinandersetzen.

Die Aufgabe der Station 16

- Beantworten Sie als Beobachter schriftlich folgende Fragen:
  - Welchen Ausbildungsweg hat X in seiner Jugend eingeschlagen und verfolgt?
  - War dieser Weg selbst gewählt oder wurde er vorgegeben?
  - Wie ist dieser Weg verlaufen?
  - In welche inneren Konflikte geriet X bezüglich seiner Ausbildung?
  - In welche äußeren Konflikte geriet X bezüglich seiner Ausbildung?
  - Welche Fähigkeiten hat X in dieser Zeit erworben?
  - Welche Erfolge und Niederlagen hat er/sie erlitten?
  - Mit welchen Sinnfragen hat sich X diesbezüglich befasst?
- Beschreiben Sie die beruflichen Pläne von X gegen Ende seiner Jugend.

Umgang mit möglichen Schwierigkeiten
Lassen Sie sich Zeit, diese Jahre zu erinnern. Fotos können dabei helfen.

Machen Sie einen Termin mit sich für die siebzehnte Station.

Station 17 – Die wichtigen Erlebnisse der Jugend

Zu dieser Station scheint es nicht nötig, viel zu sagen. Sie dient der Reflektion der Ereignisse und der Vorbereitung späterer Aufgaben.

Die beiden Aufgaben der Station 17

Schritt 1: Die schlimmsten Erlebnisse der Jugend

- Beantworten Sie als Beobachter folgende Fragen:
  - Welches waren die schlimmsten Erlebnisse der Jugend von X?
  - Wie ist X mit diesen Erlebnissen umgegangen?
  - Welche Erfahrungen hat X aus diesen Erlebnissen gezogen? Formulieren Sie diese in kurzen Sätzen.
  - Wenn es Fotos gibt, kleben Sie diese ein und kommentieren Sie diese.

Schritt 2: Die schönsten Erlebnisse der Jugend

- Beantworten Sie als Beobachter nun folgende Fragen:
  - Welches waren die schönsten Erlebnisse der Jugend?
  - Wie ist X mit diesen Erlebnissen umgegangen?
  - Welche Erfahrungen hat X aus diesen Erlebnissen gezogen? Formulieren Sie diese in kurzen Sätzen.
  - Wenn es Fotos gibt, kleben Sie diese ein und kommentieren Sie diese.

Umgang mit möglichen Schwierigkeiten

Eine Erfahrung ist, wie vorne beschrieben, gewissermaßen „selbst gemacht". Sie enthält die Bedeutung, die man einem Ereignis gibt. Entdecken Sie die Bedeutung, die der/die Jugendliche den wichtigsten Ereignissen gab und formulieren Sie die Erfahrung, man könnte auch sagen, die „Lehre" die er/sie daraus zog, in klaren Aussagen. Wieder geht es darum, nicht den Verstand, sondern das Empfinden entscheiden zu lassen.

Machen Sie einen Termin mit sich für die achtzehnte Station.

Station 18 – Die wichtigsten Menschen der Jugend

Ähnlich wie in der Kindheit gab es auch in der Jugend Menschen, die – entweder durch ihr Dasein oder durch ihr Verhalten – besonders wichtig waren. Menschen, die im positiven Sinne Bedeutung hatten und denen X aufgrund dessen besonders dankbar ist.

Die Aufgabe der Station 18

- Beschreiben Sie als Beobachter die wichtigsten Menschen aus X Jugend.
  - Wer waren diese Menschen?
  - Was haben Sie für X getan oder X gegeben? Was hat er/sie ihnen zu verdanken?
  - Was wäre aus X geworden, wenn ihm diese Menschen nicht begegnet wären?
  - Wenn Sie Fotos dieser Menschen haben, kleben Sie diese ins Lebensbuch ein.
  - Schreiben Sie das Lebensmotto dieser Leute – so wie Sie es empfinden – unter die Fotos.

Umgang mit möglichen Schwierigkeiten

Wichtige Menschen sind oft, aber nicht unbedingt im nahen Umfeld zu finden. Es kann sich hierbei um Menschen des persönlichen Umfeldes handeln, Freunde, Geliebte, Lehrer - aber ebenso um öffentliche Personen, Stars, Idole, Helden aus Büchern oder Filmen etc. Was zählt ist allein die Bedeutung dieser Menschen für den Jugendlichen.

Machen Sie nun einen Termin mit sich für die neunzehnte Station.

Station 19 – Das Leben aus Sicht des Jugendlichen

In dieser Station kommt nun der Jugendliche selbst zu Wort. Nehmen Sie sich etwas Zeit, ihn in Ihrer Erinnerung lebendig werden zu lassen. Sie können dafür die vorigen Stationen nochmals durchlesen.

Die Aufgabe der Station 19

- Stellen Sie sich vor, jetzt der Jugendliche im Alter von etwa 18 bis 20 Jahren zu sein, der das hier geschilderte Leben gerade hinter sich hat. Versetzten Sie sich in diesen Jugendlichen hinein und sprechen Sie als dieser in der Ich-Form.
    - Beschreibe, was die Jugend für Dich für eine Zeit war.
    - Welche Empfindungen und Gedanken haben Dich in dieser Zeit besonders beschäftigt?
    - Beantworte die Fragen auf der Seite 2 zur Station 19 im Lebensbuch. Denk daran, dass es völlig uninteressant ist, was andere über das Leben sagen oder denken. Hier ist nur Dein eigenes Empfinden wichtig, ganz egal, wie das ausfällt

Umgang mit möglichen Schwierigkeiten

Nicht, was „Ich“ vom Leben halte ist hier gefragt, sondern was „Ich als der Jugendliche, der ich war“ vom Leben halte. Lassen Sie diesen antworten, unabhängig davon, ob Ihnen diese Antworten zusagen oder nicht.

Machen Sie nun einen Termin mit sich für die zwanzigste Station aus.

Station 20 – Die Träume des Jugendlichen

In dieser Station geht es um die Pläne und Ziele, die sich gegen Ende der Jugend ergeben. Sie sollten auf keinen Fall die entsprechende Station über die Träume des Kindes vorher durchlesen. Ob sich die Träume von Kind und Jugendlichem entsprechen oder wie sie sich unterscheiden können Sie feststellen, nachdem Sie diese Aufgabe erfüllt haben.

Die beiden Aufgaben der Station 20

Schritt 1: Der Jugendliche träumt die Zukunft

- Versetzen Sie sich in den Jugendlichen und erzählen Sie als dieser in der Ich-Form:
  - *„Was ich in meinem bisherigen Leben am meisten vermisse ist ...*
  - *In meinen alltäglich oder auch kühnsten Träumen träume ich davon ...*
  - *Für mein späteres Leben habe ich mir fest vorgenommen ...*
  - *Ich will auf jeden Fall erreichen ...*
  - *Ich will auf jeden Fall vermeiden ...und das werde ich auf diese Weise tun ...*
  - *Ich verspreche mir davon ...“*

Schritt 2: Ein Bild der Zukunft malen

- Malen Sie als Jugendlicher ein Bild, das seine Träume und Sehnsüchte ausdrückt. Das Bild kann gegenständlich oder symbolisch sein.

Umgang mit möglichen Schwierigkeiten

Was der Jugendliche erreichen will, kann materieller oder immaterieller Natur sein. Halten Sie Ihre heutigen Urteile über diese Sehnsüchte/Träume hier zurück. Überlassen Sie es dem Jugendlichen, von seinen Plänen und Absichten zu erzählen.

- Verabreden Sie nun einen Termin mit sich für die einundzwanzigste Station.

Station 21 – Mein Weg als Erwachsener bis Heute

Die Erwachsenenzeit umfasst hier den Zeitraum von der Jugend bis zum Heute. Dieser Zeitraum mag kürzer oder länger sein und seine Schilderung mag mehr Raum einnehmen, als das Lebensbuch vorsieht. Kleben Sie in dem Fall weitere Seiten in das Lebensbuch ein.

Die beiden Aufgaben der Station 21

Schritt 1: Die Schilderung des Lebensweges

- Beschreiben Sie als Beobachter, was X seit der Jugend bis Heute erlebt hat.
  - Schildern Sie dazu die wichtigen Entwicklungen und Vorfälle von der Jugend bis heute.
  - Was war an diesen Entwicklungen wichtig?
  - Welche Entscheidungen/Weichenstellungen sind mit diesen Entwicklungen verbunden und wann und unter welchen Umständen fanden diese statt?
  - Auf welche Erfolge kann X in seinem erwachsenen Leben zurückblicken und worauf ist er/sie stolz?
  - Welche großen Enttäuschungen sind X seit der Jugend widerfahren?
  - Welche Menschen haben zentrale Rollen in seinem erwachsenen Leben gespielt?

Schritt 2: Eine Zeichnung des Lebensweges

- Malen Sie gleich anschließend an den ersten Schritt ein Bild des Weges, das die Entwicklung von der Jugend bis zum Heute abbildet. Das Bild soll einen gegenständlichen Weg zeigen, ähnlich wie eine Landstrasse. Tragen Sie die wichtigsten Ereignisse mit kleinen Zeichnungen und mit Zeitangaben an den entsprechenden Stellen des Bildes ein. (Beispielsweise: Heirat ... Trennung ... Beruf ... Kinder ... Reisen ... Erlebnisse ...)

Umgang mit möglichen Schwierigkeiten

Sie können die Zeichnung des Lebensweges übersichtlicher machen, indem Sie einzelnen Punkten oder Abschnitten bestimmte Farben zuordnen. Beispielsweise grün oder gelb für schöne Ereignisse/Phasen und Schwarz für schlimme Erlebnisse.

Verabreden Sie nun einen Termin mit sich für die zweiundzwanzigste Station.

Soweit ist die Betrachtung der Vergangenheit abgeschlossen und Sie können sich der Gegenwart widmen. Die Vergangenheit nimmt 21 von 31 Stationen in Anspruch, was durchaus beabsichtigt und sinnvoll ist. Schließlich baut das Leben eines Menschen zu großen Teilen auf den in der Kindheit und Jugend erworbenen Grundlagen auf; dazu gehört auch die Haltung sich selbst gegenüber.

In dieser Station verschaffen Sie sich einen Überblick über die Gegenwart. Diesen Überblick zu haben ist gar nicht so selbstverständlich, wie es scheinen mag. Oft ist man in Dinge verzettelt oder verstrickt und sieht das Gesamtbild nicht.

Die beiden Aufgaben der Station 22

Schritt 1: Schilderung der Gegenwart

- Beschreiben Sie als Beobachter, in welcher Lebenssituation sich X heute befindet:
  - Welcher Arbeit/Beschäftigung geht X nach.
  - Lebt er allein oder mit anderen und unter welchen Umständen?
  - Mit welchen Menschen fühlt er sich liebevoll verbunden?
  - Welche Prioritäten hat er in seinem gegenwärtigen Leben gesetzt?
  - Empfindet sich X mehr als Opfer oder als Gestalter seiner Lebensumstände?
  - Als was für ein Mensch erscheint ihnen X (als zufriedener ... glücklicher ... unglücklicher ... unzufriedener)?

Schritt 2: Eine Landkarte der gegenwärtigen Situation

- Fertigen Sie nun einen Überblick über Ihr Leben, eine Landkarte Ihrer Gegenwart. Sie können dazu Fotos nehmen, Zeichnungen fertigen, Textnotizen hinzufügen. Diese Collage sollte alles enthalten, was in Ihren gegenwärtigen Leben eine Rolle spielt: die Menschen, die Tätigkeiten, die Orte, die alltäglichen und nicht alltäglichen Erlebnisse, Gefühle und Sehnsüchte.

Umgang mit möglichen Schwierigkeiten

Beschreiben Sie in dieser Collage frei von Wertungen und Beschönigungen das Leben von X so, WIE ES IST – also so, wie er/sie es empfindet, mit all seinen schönen und schwierigen Seiten.

Verabreden Sie nun einen Termin mit sich für die dreiundzwanzigste Station.

Stellen Sie sich für diese Station vor, Sie könnten den Menschen, dessen gegenwärtiges Leben Sie in der vorigen Station beschrieben haben, eingehend befragen. Sie beantworten die unten aufgeführten Fragen also nicht als Beobachter, sondern in der Ich-Form.

Die beiden Aufgaben der Station 23

Schritt 1: Das Interview mit sich selbst

- Beantworten Sie in der Ich-Form folgende Fragen:
  - Was meinst Du, wie andere Menschen Dich sehen? *„Ich glaube ...“*
  - Wie schätzt Du Deine Stärken und Schwächen ein? *„Ich meine ...“*
  - Welche Fähigkeiten hast Du in Deinem Leben erworben, welche vermisst Du? *„ Ich ....“*
  - Was hältst Du heute vom Leben? Wie findest Du es?
  - Was hältst Du heute von den Menschen?
  - Wie wichtig sind Beziehungen für Dich?
  - Wie wichtig ist es für Dich, einen Partner zu haben?
  - Was ist schlimm an Deinem Leben?
  - Was ist schön an Deinem Leben?
  - Welche Zwänge erlegst Du Dir auf? Was verbietest Du Dir?
  - Was kannst Du Dir inzwischen erlauben?
  - ... und was Sie sonst noch fragen wollen.

Schritt 2: Ihr gegenwärtiges Verhältnis zu sich selbst

- Schauen Sie nun die Stationen 21 bis 23 nochmals an und lesen Sie die Schilderungen darin durch. Betrachten Sie diesen Menschen, der dieses Leben lebt und beschreiben Sie als Beobachter Ihr Verhältnis zu ihm:
  - Was fällt Ihnen an X auf?
  - Was mögen Sie an X?
  - Was gefällt Ihnen nicht an ihm/ihr?
  - Was denken Sie über ihn/sie?
  - Welche Empfindungen spüren Sie für diesen Menschen?
- Finden Sie nun einen Begriff, der Ihr Verhältnis zu X beschreibt und schreiben Sie diesen auf.

Umgang mit möglichen Schwierigkeiten

Hier geht es um das gegenwärtig Verhältnis, das Sie jetzt in diesem Moment zu sich haben. Beschreiben Sie es frei von Wertungen und Abwertungen.

Machen Sie nun einen Termin mit sich für die vierundzwanzigste Station.

Sonden senden

In der nächsten Station geht es darum, Kontakt zu sich selbst aufzunehmen. Dazu werden Sie Sonden an sich selbst senden. Dies ist die einzige Übung des Lebensbuches. Wenn Sie sich die kleine Mühe machen, sich diese Übung anzueignen, kann diese in allen schwierigen Lebenslagen zu einer großen Hilfe werden. Die Übung hilft Ihnen nämlich dabei herauszufinden, was Sie in einer konkreten Situation brauchen, um mit ihr umzugehen.

Sonden sind verbale oder nonverbale persönliche Botschaften, die (in diesem Falle ausgesprochen) abgeschickt werden und den Empfänger erreichen. Solche Botschaften hat jeder Mensch im Laufe seines Lebens in großer Zahl erhalten, unabhängig davon, ob sie positiv oder negativ gemeint waren oder wie sie aufgenommen wurden.

Hier geht es nun um positive Sonden für Sie. Das sind Botschaften, die Ihnen gut tun. Was Ihnen gut tut, wissen Sie selbst am Besten, allerdings gehört etwas Zeit und Aufmerksamkeit dazu, das Alltagsbewusstsein abzuschalten und in sich hinein zu hören und zu spüren.

Sonden sind Ihnen im Grunde vertraut. Vielleicht kennen Sie das: Sie sind in einer schwierigen Lage und fangen an, ein Selbstgespräch zu führen, indem Sie sich beispielsweise sagen „Lass es langsam angehen". Das wäre eine Sonde, die unter bestimmten Umständen positiv wirken würde. Um solche positiven Aussagen geht es. Allerdings ist in vielen Fällen nicht das positiv, von dem Sie denken, es wäre es. Ob eine Botschaft für Sie positiv ist kann der Verstand nicht sicher beurteilen. Sie können sich aber auf Ihre emotionalen und körperlichen Reaktionen verlassen. Ihr Körper weiß, was Sie brauchen, besser als irgendwer auf dieser Welt – besser als Sie!

Eine Sonde hat demnach nichts mit dem so genannten „Positiven Denken" zu tun. Sie drückt nicht aus, was man für positiv hält oder von dem man denkt, es sei positiv, sondern das, was sich *tatsächlich gut anfühlt und was wirklich gut tut.*

Wenn jemand eine Phase der Trauer durchlebt, kann beispielsweise der Satz „Es wird alles wieder gut" hilfreich sein oder im Gegenteil schaden. Hilfreich ist er, wenn der Mensch genügend getrauert hat, er schadet aber, wenn er den Ausdruck der Trauer unterbindet. Was immer Sie selbst oder jemand anderes über diese Botschaft *denken* ist nebensächlich. Es kommt vielmehr darauf an, was eine Aussage in ihren Gefühlen und Ihrem Körper bewirkt.

Nehmen Sie sich also Zeit für diese Übung. Seien Sie neugierig. Spüren Sie in aller Ruhe nach, wie welche Botschaften körperlich und emotional wirken und probieren Sie verschiedene Sonden mit verschiedenem Wortlaut aus. Irgendwann treffen Sie dann auf einen Satz, der Ihnen Kraft gibt oder Sie aufatmen lässt oder in einen Zustand völliger Entspannung oder großen Vertrauens bringt. Diese Sonde kann Sie dann eine kurze oder längere Zeit begleiten.

Wie schon gesagt, können Sie diese Übung auch später in schwierigen Lebenslagen anwenden, um herauszufinden, was Ihnen gut tut. Es lohnt also, diese kleine Übung zu lernen.

Die Aufgabe der Station 24

- Stellen Sie sich vor, Sie hätten X zu sich eingeladen, so wie sie einen sehr guten Freund oder einen Menschen, den Sie lieben, zu sich einladen. Nun ist X gekommen und Sie nehmen Kontakt zu X auf.
- Schließen Sie dazu die Augen und betrachten Sie X. Sie haben bisher eine Menge über X erfahren, und einiges über diesen Menschen ist Ihnen klar geworden.
- Sie wissen sehr viel darüber, was X braucht, um mit sich selbst überein zu stimmen und sich akzeptiert und geliebt zu fühlen. Formulieren Sie nun einige Sätze, die wohlmeinende Botschaften enthalten. Sätze, die von Akzeptanz und Liebe getragen sind. Sätze von denen Sie glauben, dass sie X gut tun.
- Sprechen Sie diese Sätze laut aus und beginnen Sie mit der Vornamen: *„X, Du ... bist ... brauchst nicht ... musst nicht ... darfst .... du kannst ruhig ... “*
- Nehmen Sie nun wahr, wie es sich für Sie anfühlt, diese Sätze zu hören. Tun die Sätze gut? Sind die Sätze „Nahrung für die Seele“?
- Wiederholen Sie den Satz, der sich am besten anfühlt und stellen Sie fest, wie die Botschaft noch besser lauten könnte.
- Experimentieren Sie mit Inhalt und Tonlage der Sonden. Lassen Sie sich Zeit hierfür.
- Wenn keine weiteren Botschaften mehr „kommen“ stellen Sie fest, welches die zentrale Sonde ist, die Botschaft, die sich am besten anfühlt.
- Sprechen Sie diese Botschaft nun als X in der Ich-Form aus: *„Ich ... bin ... kann ... darf ... brauche nicht ... muss nicht ... werde ... “*
- Genießen Sie diese Sätze, lassen Sie diese nachklingen, ruhen Sie sich aus.
- Schreiben Sie anschließend die wichtigsten Botschaften in das Lebensbuch.

Umgang mit möglichen Schwierigkeiten

Für diese Station sollten Sie sich besonders Zeit und Aufmerksamkeit nehmen. Sorgen Sie dafür, ungestört zu sein und machen Sie es sich bequem. Wenn es Ihnen schwer fällt, die emotionale Reaktion auf einen Satz wahrzunehmen, achten Sie auf Ihre körperliche Reaktion. Ein guter Satz bringt Entspannung.
Probieren Sie auch folgende Sonden aus: *„X, ich mag dich ... ich liebe dich ... “* und nehmen Sie wahr, wie weit Sie sich diese Aussagen glauben können. Sonden können berühren. Schmerz, Traurigkeit, aber auch Freude oder Liebe können hervorgerufen werden. Sogar Ärger, wenn Enttäuschungen deutlich werden. Nehmen Sie diese Gefühle an.

Verabreden Sie einen Termin mit sich für die fünfundzwanzigste Station.

Wenden wir uns nun der Zukunft zu. Dazu gebrauche ich ein Hilfsmitte: das Wissen um die eigene Vergänglichkeit. Die Zukunft der Menschen gewinnt ihre Bedeutung erst auf dem Hintergrund der Endlichkeit des Lebens. Wir haben nicht alle Zeit der Welt zur Verfügung, um das zu erleben, was dieses Leben erfüllen wird.

Menschen, die sich mit dem Thema Tod auseinandersetzen oder die durch Unfälle/Krankheiten mit dem Thema konfrontiert werden, machen eine übereinstimmende Erfahrung: Sie überprüfen ihr Leben. Sie wollen feststellen, was in ihrem restlichen Leben wichtig und was unwichtig ist und worauf sie zukünftig zugehen wollen. Sich mit dem Tod zu befassen führt dazu, sich dem Leben zuzuwenden. Das ist Sinn der nächsten Stationen.

Die Aufgabe der Station 25

- Stellen Sie sich vor, Sie hätten nur noch eine Woche zu leben. Nehmen Sie sich Zeit, in diese Vorstellung zu kommen.
- Schauen Sie auf Ihr Leben zurück. Erinnern Sie die vielen Ereignisse, Menschen, Erlebnisse, Gegenstände, Besitztümer, Erinnerungen, Zukunftsvorstellungen, Naturerlebnisse, Liebeserfahrungen, Gefühle, Gedanken, sinnlichen Eindrücke –alles, was Sie erlebt und erfahren haben. Von alledem ist es bald Zeit, Abschied zu nehmen.
- Schreiben Sie nun all das auf:
    - Namen von Menschen, denen Sie begegnet sind (mindestens 50 Namen).
    - Stichworte zu Erinnerungen und Ereignissen.
    - Menschen, die Sie geliebt haben oder noch lieben.
    - Freunde und Feinde, denen sie begegnet sind.
    - Reisen, die Sie unternommen haben.
    - Dinge, die Sie besitzen.
    - Zukunftspläne, deren Erfüllung sie sich vorgenommen haben.
- Nehmen Sie sich Zeit dafür, Sie werden verwundert sein, welche Fülle an Namen und Erinnerungen etc. zusammen kommt. Schreiben Sie kreuz und quer, sodass ein Puzzle Ihres Lebens entsteht. Sie können zusätzlich auch kleine Zeichnungen anlegen.

Umgang mit möglichen Schwierigkeiten

Die Vorstellung, nur noch eine Woche zu leben fällt sicher nicht leicht. Lassen Sie sich darauf ein, wissend, dass es nur eine Vorstellung ist, die Sie mit Gefühlen, Hoffnungen oder Ängsten konfrontieren wird.

Die Vorstellung muss nicht gleich zu Anfang völlig gelingen, Sie werden im Laufe der nächsten Stationen allmählich weiter dort hineingeführt.

Machen Sie nun einen Termin mit sich für die sechsundzwanzigste Station.

Stellen Sie sich nun vor, dass von der Woche, die Sie noch zu leben hatten, nur noch wenige Tage übrig sind. Es ist jetzt Zeit, Ihre Hinterlassenschaft zu regeln.

Die Aufgabe der Station 26

- Schreiben Sie in der Ich-Form ein Testament, in dem Sie detailliert festlegen, was mit Ihrem Besitz zu geschehen hat, gleichgültig, ob Sie viel oder wenig besitzen oder ob es sich um unbelebte Gegenstände oder auch Tiere handelt.
- Legen Sie fest, wer was bekommt und wer nichts.
- Erklären Sie den betreffenden Personen, warum Sie das so wollen.
- Nehmen Sie sich Zeit, eine Regelung zu finden, die Ihnen entspricht.

Umgang mit möglichen Schwierigkeiten

Dieses Testament sollte sich auf Ihre Gefühle stützen und nicht auf Konventionen oder Erwartungen anderer. Es ist Ausdruck Ihrer Beziehung zu anderen Menschen und sollte so gestaltet sein, dass Sie „zufrieden" gehen können.

Machen Sie nun einen Termin mit sich für die siebenundzwanzigste Station.

Nun rückt der Zeitpunkt Ihres Todes immer näher. Es ist Zeit, Abschied von den wichtigsten Menschen Ihres Lebens zu nehmen und sich beim Leben zu bedanken.

Diese Aufgabe fällt manchen leicht, machen aber gar nicht. Es geht hier nicht darum, irgendwelche Floskeln zu produzieren. Es geht um aufrichtigen Dank. Danken Sie nur, wofür Sie Dank empfinden können. Aber mit ziemlicher Sicherheit gibt es mehr wofür Sie danken können, als Ihnen bewusst ist.

Die beiden Aufgaben der Station 27

Schritt 1: Dank an die drei wichtigsten Menschen

- Schreiben Sie die drei wichtigsten Menschen Ihres Lebens mit deren Namen in der Reihenfolge ihrer Wichtigkeit für Sie auf.
- Schreiben Sie jetzt jeweils einen Brief an diese drei Menschen. Beginnen Sie mit dem drittwichtigsten und enden Sie mit dem wichtigsten Menschen.
- Nehmen Sie jeweils in jedem Brief Abschied von diesem Menschen. Schreiben Sie in der Ich-Form und klären Sie, was noch zu klären ist, sagen Sie, was noch zu sagen ist, damit Sie in Ruhe sterben können. Danken Sie diesem Menschen, wofür auch immer Sie danken können. Der Brief hat keine vorgegebene Form, könnte beispielsweise diese Elemente enthalten:

  „Liebe/r ... ich habe nur noch wenige Tage zu leben ... ich schreibe dir, weil ... mein naher Tod macht mich ... das Leben ... die Begegnung mit dir war für mich ... ich danke dir für ... ich möchte nun Abschied nehmen ... lebe wohl.“
- Legen Sie jeden Brief in einen Umschlag und kleben Sie diese in das Lebensbuch ein.

Gehen Sie gleich zum zweiten Schritt weiter.

Schritt 2: Dank an das Leben

- Schreiben Sie nun einen Brief an das Leben und danken Sie ihm, wofür Sie Dank empfinden.
- Wenn Sie an Gott glauben, danken Sie Gott, und beschreiben Sie, wofür.
- Machen Sie es sich nicht zu leicht; es gibt viel, wofür Sie dankbar sind und wofür Sie Dank schulden!

Umgang mit möglichen Schwierigkeiten

Hier können tiefere Gefühle berührt werden. Schmerz und Liebe, Angst und Freude, vielleicht gehen Sie durch ein Wechselbad der Empfindungen. Es sind Ihre Gefühle, umarmen Sie diese.

Machen Sie nun einen Termin mit sich für die achtundzwanzigste Station.

Station 28 – Meine letzte Botschaft an mich

Nun haben Sie nur noch einen Tag zu leben. Stellen Sie sich vor, diese verbleibende Zeit ganz mit sich allein zu verbringen, um Abschied von sich selbst zu nehmen.

Die Aufgabe der Station 28

- Machen Sie sich mit der Vorstellung vertraut, dass Ihnen nur noch Stunden bleiben.
- Schauen Sie nochmals auf Ihr Leben, werfen Sie einen Blick auf die Umwelt, die Natur, die Stadt, wo immer Sie gerade sind. Bald werden Sie all das hinter sich lassen. Sie haben sich von Ihren Besitztümern verabschiedet und von den Menschen, die Ihnen am wichtigsten waren. Nun ist es Zeit, Abschied von sich selbst zu nehmen.
- Schreiben Sie einen Abschiedsbrief an sich selbst. Es ist ein Brief von dem, der geht an den, der bleibt. Schreiben Sie den Brief in der Ich-Form an X.
- Sie wissen nun, worauf es im Leben ankommt. Teilen Sie das X mit und auch, was er tun soll – was das Leben ihm eventuell schuldig ist ... wie Sie zu ihm/ihr fühlen ... und alles, was Ihnen wichtig erscheint.

  Hier einige Elemente, die der Brief enthalten sollte:

  „Lieber X, ich habe nur noch wenige Stunden zu leben ... das Leben war für mich ... ich nehme Abschied von Dir, der du weiterleben wirst ... und sende Dir hier meine Botschaft ... Sei ... achte darauf ... lass dich nicht ... folge .... das Wichtigste ist ... Lebe wohl ...“
- Legen Sie den Brief ebenfalls in einen Umschlag und kleben Sie ihn ins Lebensbuch ein.

Umgang mit möglichen Schwierigkeiten

Geben Sie Ihre Erkenntnisse aus der Beschäftigung mit dem Lebensbuch hier hinein. Schreiben Sie vom Herzen, akzeptierend, in größtmöglicher Verbundenheit mit dem, der weiterlebt.

Verabreden Sie nun einen Termin mit sich für die neunundzwanzigste Station.

Nun ist der Augenblick gekommen. Sie sterben und werden Zeuge Ihrer eigenen Beerdigung. Vielleicht ist das eine ungewöhnliche Vorstellung, aber meist ist es eine aufschlussreiche. Auch diese Station dient wie die vorhergehenden dazu, die Bedeutung von Menschen und Dingen, Plänen und Absichten auf einer tieferen Ebene zu erkennen. Im Alltagsbewusstsein leben wir, als ob es kein Ende gäbe. Das ist auch kaum anders möglich.

Die drei Aufgaben der Station 29

Schritt 1: Loslassen

- Lassen Sie die letzten Stationen nochmals Revue passieren. Sie haben von allem Abschied genommen. Nun ist es Zeit, vom Leben Abschied zu nehmen.
- Stellen Sie sich vor, dass der Augenblick gekommen ist, zu gehen. Schließen Sie die Augen und seien Sie für 10 Minuten „tot", indem Sie völlig regungslos daliegen. Diese Vorstellung lässt sich durchaus genießen. In diesem Zustand hat nichts Bedeutung. Es gibt nichts mehr zu tun, Sie können alles lassen. Sie können: loslassen!
- Stellen Sie sich dann vor, Zeuge Ihrer eigenen Beerdigung zu sein. Sie sehen diese wie einen Film auf einer Leinwand ablaufen. Was geschieht dort? Ist es eine traditionelle Beerdigung, ist es ein Fest oder etwas anderes?
- Schreiben Sie detailliert auf, wie die Beerdigung abläuft, wer gekommen ist, was passiert und was das für Sie bedeutet. Schreiben Sie in der Gegenwartsform.

Gehen Sie gleich zum zweiten Schritt über.

Schritt 2: Ein Bild Ihrer Beerdigung

- Malen Sie ein Bild Ihrer Beerdigung, das all das enthält.
- Geben Sie dieser Beerdigung einen Titel (ähnlich wie ein Filmtitel), der die Bedeutung dieses Ereignisses ausdrückt.

Schritt 3: Die Rückkehr ins Leben

- Rufen Sie sich nun ins Leben zurück. Lesen Sie dazu den Brief aus Station 28 von dem, der geht zu dem, der weiterlebt, durch. Machen Sie sich klar, weshalb und wofür Sie sich zur Rückkehr entschlossen haben. *Sie haben noch etwas Wichtiges zu erleben.* Formulieren Sie einen Satz der ausdrückt, wofür Sie zurückgekommen sind.
- Schreiben Sie diesen Satz oder dieses Wort auf und alle Gründe, die Sie zur Rückkehr in das Leben bewegt haben.

Umgang mit möglichen Schwierigkeiten

Genießen Sie die gewisse Theatralik , die in diesen Aufgaben liegt. Gefühl, Erkenntnisse, Sehnsüchte und Entschlüsse mögen sich mischen. All das klärt sich später von selbst.

Machen Sie nun einen Termin mit sich für die dreißigste Station.

Nun stehen Sie kurz vor dem Abschluss Ihres Lebensbuches. Sie haben sich intensiv mit sich selbst beschäftigt und Informationen gewonnen, die Ihnen noch nicht oder *so* noch nicht klar waren. Dadurch hat sich Ihr Blick auf sich selbst verändert, wie Sie feststellen werden.

Die beiden Aufgaben der Station 30

Schritt 1: Ein Brief an sich selbst

- Schreiben Sie als „Ich“ einen Brief an sich selbst, in dem Sie Ihr Verhältnis zu sich selbst beschreiben. Lesen Sie jetzt auf keinen Fall den Brief, den Sie zu Anfang des Lebensbuches geschrieben haben. Das werden Sie nach Abschluss des ersten Schrittes tun. Der Brief sollte zumindest auf folgende Themen eingehen:

  „Lieber Michael, ich möchte heute von meinem jetzigen Verhältnis zu Dir erzählen:
  - *Wie sich meine Sicht auf Dich durch das Lebensbuch verändert hat ...*
  - *Was ich jetzt von dir halte ...*
  - *Welche Gefühle ich jetzt für dich empfinde ...*
  - *Was ich jetzt von dem halte, was Du tust ...*
  - *Was ich jetzt von Deinen Ideen und Träumen halte ...*
  - *Was Du besser tun oder besser lassen sollst ...*
  - *Welche Deiner Eigenschaften ich an Dir mag ...*
  - *Was ich nicht so sehr an Dir mag ...*
  - *Was bei Dir so bleiben kann ...*
  - *Was Du verändern solltest ....*
  - *Worauf Du in Zukunft zugehen solltest“.*

Schritt 2: Die Briefe an sich selbst vergleichen

- Vergleichen Sie diesen Brief nun mit dem Brief, den Sie ganz zu Anfang des Lebensbuches geschrieben haben.
- Stellen Sie fest, wie sich Ihr Blick auf sich selbst und Ihre Gefühle und Ihre Haltung sich selbst gegenüber verändert haben.
- Halten Sie diese Veränderungen schriftlich fest.

Umgang mit möglichen Schwierigkeiten

Es sollte kaum Probleme mit dieser Aufgabe geben, wenn Sie unbefangen und frei von Ansprüchen an die Sache gehen.

Machen Sie einen Termin mit sich für die letzte Station des Lebensbuches.

Nun liegt die Zukunft vor Ihnen. Sie haben die Vergangenheit betrachtet, haben Überzeugungen und Haltungen reflektiert und in der Vorstellung Ihres Sterbens klarer erfahren, worauf es in Ihrem Leben ankommt. Wenden Sie sich nun der Verwirklichung Ihrer Zukunft zu, indem Sie eine Reise dorthin unternehmen.

Die drei Aufgaben der Station 31

Schritt 1: Eine Reise in die Zukunft

- Machen Sie sich nochmals klar, wofür Sie in dieses Leben zurückgekehrt sind und was Sie hier noch erleben wollen. Erinnern Sie den Satz aus der Station 30, der dieses Vorhaben beschreibt.
- Stellen Sie sich nun vor, Sie hätten all das, was Sie im zukünftigen Leben für wichtig halten, bereits verwirklicht. Machen Sie jetzt eine Reise in diese Zukunft und beschreiben Sie diese so, als ob sie jetzt Gegenwart wäre. Schreiben Sie in der Ich-Form und beschreiben Sie in der Gegenwartsform das zukünftige Leben so, als ob es jetzt gerade abläuft.

  „Ich bin ... ich lebe ... um mich herum ... ich verhalte mich ... ich erlebe ... ich denke ... ich fühle ... ich bin ... ich habe erreicht ...“
- Kosten Sie diese Fantasie aus und beschreiben Sie, was innerlich und was äußerlich geschieht. Breiten Sie die Zukunft genüsslich aus!

Schritt 2: Ein Bild der Zukunft

- Malen Sie nun ein Bild dieser Zukunft, gegenständlich, als Landkarte oder symbolisch, wie es Ihnen gefällt.
- Entwerfen Sie einen Titel für diese Zukunft und schreiben Sie ihn über das Bild.
- Geben Sie nun dem Hauptdarsteller/der Hauptdarstellerin dieser Zukunft einen Namen, der deutlich macht, was er/sie *innerlich* erreicht hat. (Beispielsweise: der Entspannte ... die Lebenslustige ... die Mutige ... der Aufrechte ... oder anders).

Schritt 3: Aus der Zukunft in den Alltag zurückkehren

- Lassen Sie nun diese Person in Ihren Alltag kommen und erleben Sie, was Sie *als dieser oder diese* anders machen.
- Beschreiben Sie detailliert zwei ganz konkrete Taten, die *Sie als dieser/diese Person* aus der Zukunft vollbringen. Beschreiben Sie diese in der Gegenwartsform.
- Bestimmen Sie jetzt eine konkrete Tat, die Sie als „dieser/diese“ Person in der nächsten Woche vollbringen werden.

Umgang mit möglichen Schwierigkeiten

In der Zukunftsvorstellung sind Sie „jemand anderes“. Trauen Sie sich, diese Vorstellung zu wagen. Die Konkretisierung der Fantasie geschieht in der Rückkehr der Zukunftsfigur in den Alltag. Nehmen Sie diese Aufgabe an: vollbringen Sie die Tat innerhalb einer Woche!

Nun haben Sie Ihr Lebensbuch vollendet. Ich hoffe, es hat Ihnen viel Spaß gemacht und wertvolle Einsichten vermittelt. Vor allem aber hoffe ich, dass es geholfen hat, Ihr Verhältnis zu sich selbst zu verbessern. Doch darüber hege ich keine Zweifel.

Sie sind als Kind in diese Welt gekommen, und wie jedes Kind hatten Sie das Recht, von Ihren Eltern und anderen Menschen geliebt zu werden. Heute übernimmt niemand anderes mehr diese Aufgabe als Verpflichtung, aber heute können Sie das selbst tun. Sie sind der wichtigste Mensch Ihres Lebens, und das Wichtigste im Leben mag sein, sich vom wichtigsten Menschen seines Lebens angenommen zu fühlen.

Sollten Sie Ihr Lebensbuch eines Tages fortführen wollen, steht dem nichts im Wege. Sie können es jederzeit umschreiben oder fortschreiben.

Sehr interessant wäre es zweifellos, das Lebensbuch nach Jahren ganz neu zu schreiben. Sie könnten dann zwei Lebensbücher vergleichen und feststellen, wie sich Ihre Wahrnehmung des Lebens in der Zwischenzeit verändert hat.

Es kann aber auch genügen, einige Stationen in Abständen zu wiederholen. Dazu würden sich vor allem die Übung „Sonden", die Vorstellung vom nahenden Tod und die Vorstellungen zum Bereich Zukunft eignen.

Ich wünsche Ihnen alles Gute für Ihre Zukunft und viel Liebe für sich selbst.

Michael Mary, im September 2007

P.S.

Gegenwärtig ist eine „Anleitung zum Erfolg – Lebensziele erreichen" in Arbeit. Diese wird sich ausschließlich mit der Zukunft und der Frage, wie man seine Träume verwirklichen kann befassen.

Begleitung zum Lebensbuch

Eine Begleitung zum Lebensbuch ist Online möglich. Informationen hierzu finden Sie unter www.michaelmary.de. Ob und welche Seminare zum Thema Selbstliebe angeboten werden, können Sie ebenfalls auf dieser Homepage erfahren.

Die Bücher von Michael Mary

Michael Mary hat mittlerweile 19 Bücher geschrieben, darunter einige Bestseller. Etliche dieser Bücher sind lieferbar. Informationen hierzu finden Sie auf seiner Homepage (michaelmary.de), dort oder beim Nordholt-Verlag (nordholtverlag.de) können Sie auch alle Bücher portofrei bestellen.

Ein Hinweis: Wer Gefallen daran hatte, mit sich selbst zu arbeiten, für den ist das Buch **Selbsterforschung** interessant, dass Michael Mary gemeinsam mit der Psychologischen Psychotherapeutin Henny Nordholt geschrieben hat. Hierin finden sich zahlreiche Übungen zum Umgang mit den verschiedensten Lebensthemen.

Die lieferbaren Bücher von Michael Mary:

- **Werte im Schafspelz** – ein kritisches Buch zur Wertediskussion.
- **Und sie verstehen sich doch** – ein Buch zum Verhältnis der Geschlechter und dem Wesen der Liebe zu Beginn des 3. Jahrtausends.
- **Das Leben lässt fragen, wo du bleibst** – wer etwas verändern will, braucht ein Problem.
- **Mythos Liebe** – ein Buch zur Frage, wie machbar die Liebe ist.
- **Die Glückslüge** – ein kritisches Buch zur Machbarkeit des Lebensglücks.
- **Fünf Wege, die Liebe zu leben** – eine Beschreibung der realen Beziehungsvielfalt.
- **Fünf Lügen, die Liebe** betreffend – ein Buch zur Sexualität in Beziehungen.
- **Lebe Deine Träume** – ein Buch, um die Ziele hinter den Zielen zu entdecken.
- **Change, Lust auf Veränderung** – ein Buch dazu, wie Veränderung passiert
- **Begegnungen mit dem Inneren Kind** – ein Buch zur Bedeutung der individuellen Vergangenheit für das gegenwärtige Leben.
- **Selbsterforschung** – ein Buch zur Arbeit mit sich selbst.
- **Wie Männer und Frauen die Liebe erleben** – ein Buch zur rollenspezifischen Wahrnehmung der Liebe.

Mein Lebensbuch

Ein Bild meiner Zeugung

Ein Bild meiner Geburt

Für die soziale Atmosphäre, in die .... hineingeriet, passt die Bezeichnung:

Die Atmosphäre der Familie, in die .... geriet, lässt sich so beschreiben:

Die Zeugung von .... geschah aus den folgenden Motiven:

Nach seiner Ankunft in der Welt hatte .... folgende Gedanken und Gefühle:

Die Botschaften an .... aus seiner frühesten Kindheit lauteten:

Tue ...

Lasse es, ...

Sei ...

Du darfst ...

Du darfst nicht ...

Damals sind grundlegende Überzeugungen (Erwartungen/Befürchtungen) entstanden. Diese lauten:

In Bezug auf das Leben: *Das Leben ...*

In Bezug auf die Menschen: *Die Menschen ...*

In Bezug auf sich selbst: *Ich ...*

Meine ersten Lebensjahre

Die schlimmsten Erlebnisse meiner Kindheit

Das Leben aus meiner kindlichen Sicht

Das Leben ist ...

Die Menschen sind ...

Im Leben kommt es darauf an ...

Verbote: Ich muss/darf nicht ...

Erlaubnis: Ich darf ...

Sehnsüchte: Ich sehne mich danach ...

Meine Träume als Kind

Ein Bild meiner Zukunftsträume als Kind

Mein Verhältnis zum Kind

Was ich von dem Kind, das ich einmal war, denke:

Was ich für dieses Kind empfinde:

Wie ich mein Verhältnis zu dem Kind nenne:

Was es in mir auslöst, mit diesem Kind Kontakt aufzunehmen:

Ein Bild meines Verhältnisses zum Kind

Meiner erste Liebe und Sexualität

Botschaften meiner Mutter hinsichtlich der Sexualität:

Botschaften meines Vaters hinsichtlich der Sexualität:

Meine Erlebnisse:

Die wichtigsten Erlebnisse meiner Jugend

Das Leben aus meiner jugendlichen Sicht

Das Leben ist:

Die Menschen sind:

Im Leben kommt es darauf an:

Ein Bild meiner Träume als Jugendlicher

Mein Lebensweg als Erwachsener als Bild

Eine Landkarte meiner Gegenwart

Mein Testament

Mein Dank an das Leben

Mein Dank an das Leben

Meine letzte Botschaft an mich

Ein Bild meiner Beerdigung

Ein Bild meiner Zukunft